无法重来的童年

处理亲子关系用点心理学

李雪斌 著

知识产权出版社
全国百佳图书出版单位

图书在版编目（CIP）数据

无法重来的童年：处理亲子关系用点心理学 / 李雪斌著 . —北京：知识产权出版社，2019.4（2019.7 重印）

ISBN 978-7-5130-6191-9

Ⅰ . ①无… Ⅱ . ①李… Ⅲ . ①儿童—心理健康—健康教育—家庭教育 Ⅳ . ① G444

中国版本图书馆 CIP 数据核字（2019）第 062805 号

内容提要

心理问题的成因往往与童年有关，如何在孩子童年时就筑牢心理健康的基石？家长如何潜移默化地引导孩子健全心智？如何在日常生活中运用心理学知识解决亲子教育中的具体问题？如何建立良好的亲子关系，使孩子拥有一个快乐的童年？笔者分享了自己精心记录的亲子日记，用真情实感，将亲子教育的感悟、经验融于字里行间，为下一代的教育问题提供一些见解，希望能引起广大家长的思考。

责任编辑：李　娟　　　　　　　　　　　责任印制：孙婷婷

无法重来的童年：处理亲子关系用点心理学
WUFA CHONGLAI DE TONGNIAN：CHULI QINZI GUANXI YONG DIAN XINLIXUE

李雪斌　著

出版发行：知识产权出版社 有限责任公司	网　　址：http：//www.ipph.cn
电　　话：010-82004826	http：//www.laichushu.com
社　　址：北京市海淀区气象路 50 号院	邮　　编：100081
责编电话：010-82000860 转 8689	责编邮箱：lijuan1@cnipr.com
发行电话：010-82000860 转 8101	发行传真：010-82000893
印　　刷：北京建宏印刷有限公司	经　　销：各大网上书店、新华书店及相关专业书店
开　　本：787mm×1000mm　1/16	印　　张：11.5
版　　次：2019 年 4 月第 1 版	印　　次：2019 年 7 月第 2 次印刷
字　　数：151 千字	定　　价：49.00 元

ISBN 978-7-5130-6191-9

出版权专有　侵权必究

如有印装质量问题，本社负责调换。

自　序

我在杭州市心理危机援助热线做过5年志愿者、在杭州海豚热线做过3年志愿者，在对求助者倾听和疏导中，他们往往会把心理问题形成的原因追溯到自己的童年。比如：有的求助者认为父母过于严厉造成他追求完美的性格，一旦达不到完美就导致悲观、抑郁；有的求助者认为自己从小在批评、贬低、压抑的环境中长大，导致现在自卑、懦弱、害怕与人交往。

心理学已证实，童年时的经历对人的一生有着重大的影响，童年时期也是维护心理健康的最佳时期，稍不注意，就有可能影响一个人的美好未来。

有时候看着儿子无忧无虑地玩耍，我便记起自己如他这般年纪时，也是时常仰着天真的脸庞，觉得未来的日子美好而漫长。如今却觉得，与孩子的相伴日子，在漫长的时间长河中，不过就是沧海一粟，短暂如一个午后的美梦。梦醒时分，头发渐渐变白、皱纹爬上额头，这时，深深感到：拥有一个快乐的童年、一份良好的亲子关系，对孩子来说真的好重要。然而，这时，孩子的童年已一去不复返了。

于是，我决定将自己亲子教育的日记整理出版，既是对无法重来的童年一种留恋和追忆，也是给作为父母的读者一点借鉴和反思。

现在我越发觉得，父母学点心理学很有必要。心理学的学习，让我突然发现，以前在亲子教育方面原来是如此的无知，完全没有顾及孩子心理的发展阶段。桐（儿子小名）是2007年出生的猪宝宝，在他两岁时我从基层选调到省教育厅工作，一年后解决了两地分居，他才回归父母身边。桐小时候常常因为一点小委屈而哭泣，而我总是不让他哭，认为男孩子就应该坚强，所以他一哭我就气得打骂他。学了发展心理学后，我才明白"男儿有泪也需弹"，哭是排解情绪的方式，可能是孩子自身情感丰富的体现，可能是长期隔代抚养造成安全感缺失的表现，粗暴制止的后果只会使他的心情更加压抑，甚至产生更严重的心理后果。此后，我学会了全身心去接纳他的情绪和行为。

育儿先育己，家庭教育首先是自我教育。父母如何改变自己呢？本书按照改变行为（第1~4章）、改变环境（第5~10章）、改变内心（第11~13章）这三个层面，将亲子日记整理为13个体会和63条实务指南。这些日记，均发生在儿子读小学期间，都是我当时真实心情的记录，以及我从心理学角度发出的扪心自问和深刻反思。日记后梳理的"亲子实务"，具有借鉴性和实用性，便于家长在日常生活中运用心理学知识，处理遇到的各类亲子教育具体问题。

教育是双向的互动，孩子接受着父母的教导，父母也在抚育中反思得失。希望本书能给读者带来一些家庭教育的思考，从而更好地成长自己、教育孩子，形成融洽和谐的亲子关系。

目 录

第1章 认识自己 ··· 1

第1节 儿子眼中的凶老爸 ··· 1

【亲子实务】如何正确处理亲子关系？ ······································· 2

第2节 一切源于童年的委屈 ··· 4

【亲子实务】如何化解原生家庭的影响？ ··································· 5

第3节 童年已逝，当下才最重要 ··· 6

【亲子实务】如何不被自己的情绪绑架？ ··································· 7

第4节 亲子教育，从心理学开始 ··· 9

【亲子实务】如何学习家庭教育心理学？ ································· 10

第5节 儿子给我过父亲节 ··· 11

【亲子实务】如何提高爸爸育儿参与度？ ································· 12

第6节 人家爸爸的爱很深沉 ··· 13

【亲子实务】如何表达男人的温情？ ··· 14

第2章 低下身子 ·· 15

第1节 父亲不能缺位 ·· 15

【亲子实务】如何做到真正的陪伴？……………………………17

第 2 节　别忽视孩子的话…………………………………………18
　　【亲子实务】如何做一名合格的倾听者？…………………20

第 3 节　陪孩子摸爬滚打…………………………………………21
　　【亲子实务】如何做孩子最好的玩伴？……………………22

第 4 节　不要让孩子怕你…………………………………………24
　　【亲子实务】如何处理孩子的秘密？………………………25

第 5 节　关系大于教育……………………………………………25
　　【亲子实务】如何避免家庭教育误区？……………………27

第 3 章　放飞风筝……………………………………………………28
第 1 节　有一种爱叫放手…………………………………………28
　　【亲子实务】如何提高独立能力？…………………………30

第 2 节　"控制"扼杀了幸福………………………………………31
　　【亲子实务】如何提高合作意识？…………………………33

第 3 节　买菜记……………………………………………………34
　　【亲子实务】如何提高社交能力？…………………………35

第 4 节　煎烙饼之心理战术………………………………………36
　　【亲子实务】如何提高抗打击能力？………………………38

第 5 节　多给身边人一声赞美……………………………………39
　　【亲子实务】如何提高自信心？……………………………40

第 4 章　言传身教……………………………………………………41
第 1 节　你的习惯影响着孩子……………………………………41
　　【亲子实务】如何养成艰苦朴素的习惯？…………………42

第 2 节　勤劳是可以"遗传"的 ··· 43

　　【亲子实务】如何养成刻苦勤奋的习惯？ ························· 44

第 3 节　寻找我的热情 ··· 45

　　【亲子实务】如何养成热情开朗的性格？ ························· 47

第 4 节　培养运动习惯 ··· 48

　　【亲子实务】如何养成热爱运动的习惯？ ························· 49

第 5 节　坚持就是最大的成就 ··· 50

　　【亲子实务】如何养成坚持不懈的习惯？ ························· 51

第 6 节　一半的教育在家庭 ·· 51

　　【亲子实务】如何养成诚实守信的习惯？ ························· 53

第 5 章　社交教育

第 1 节　给孩子找玩伴 ··· 54

　　【亲子实务】如何给孩子寻找玩伴？ ······························· 56

第 2 节　邀请同学来家作客 ·· 57

　　【亲子实务】如何学习人际交往？ ·································· 58

第 3 节　军旅生活体验 ··· 59

　　【亲子实务】如何教不合群孩子融入集体？ ······················ 61

第 4 节　孩子需要疯一般的玩耍 ·· 62

　　【亲子实务】如何引导孩子处理矛盾？ ···························· 63

第 5 节　摆地摊，练胆量 ·· 64

　　【亲子实务】如何鼓励胆小的孩子？ ······························· 66

第 6 章　分享经历

第 1 节　向孩子敞开心扉 ·· 67

　　　　　　【亲子实务】如何和孩子谈心？ ·· 68

　第2节　属于我俩的上学路 ··· 69

　　　　　　【亲子实务】如何利用父子独处时间？ ······································ 70

　第3节　与孩子分享见闻 ·· 71

　　　　　　【亲子实务】孩子如何积累社会经验？ ···································· 72

　第4节　坐火车的往事 ·· 73

　　　　　　【亲子实务】如何教孩子看待差异？ ·· 74

　第5节　爱吃糖的我 ·· 75

　　　　　　【亲子实务】如何使用自我暴露技巧？ ···································· 77

第7章　开卷有益 ·· 78

　第1节　"黄金屋、颜如玉"再认识 ·· 78

　　　　　　【亲子实务】如何让孩子爱上阅读？ ·· 80

　第2节　买书不如借书 ·· 81

　　　　　　【亲子实务】如何阅读才能提升层次？ ···································· 82

　第3节　小时多记，大时多悟 ·· 83

　　　　　　【亲子实务】如何才能提高记忆力？ ·· 84

　第4节　古钱币激发的历史兴趣 ·· 85

　　　　　　【亲子实务】如何让孩子爱上历史？ ·· 86

　第5节　作文不会写，怎么办？ ·· 87

　　　　　　【亲子实务】如何才能写好作文？ ·· 89

第8章　情商教育 ·· 90

　第1节　情感要表达出来 ·· 90

　　　　　　【亲子实务】如何帮助消除孩子的负面情绪？ ························ 91

第 2 节　在孩子心中种棵亲情树 92

　　【亲子实务】如何让孩子有归属感？ 93

第 3 节　春节之变化 94

　　【亲子实务】如何感知他人情绪？ 96

第 4 节　还有比作业更重要的事 97

　　【亲子实务】如何对孩子进行品德教育？ 98

第 5 节　你要送妈妈七夕礼物 99

　　【亲子实务】如何成为高情商父母？ 100

第 6 节　体贴的小动作 101

　　【亲子实务】如何正确夸奖孩子？ 102

第 9 章　体验式教育 104

第 1 节　多一点体验式教育 104

　　【亲子实务】如何开展体验式教育？ 106

第 2 节　行万里路 106

　　【亲子实务】如何让孩子在旅游中得到锻炼？ 108

第 3 节　用心陪伴 109

　　【亲子实务】如何教孩子学会观察生活？ 110

第 4 节　放慢生活 111

　　【亲子实务】如何让孩子体会慢生活？ 112

第 5 节　战胜恐惧 113

　　【亲子实务】如何教孩子直面困难？ 114

第 10 章　吃苦教育 116

第 1 节　让体验成为一种生活方式 116

第 2 节　一路跋涉来到寨坪小学 ································ 118

第 3 节　开营仪式 ·· 122

第 4 节　我们给寨坪带来了什么 ································ 124

第 5 节　小龙的一天 ·· 125

第 6 节　情谊永长存 ·· 128

第 11 章　正确管教孩子 133

第 1 节　"鼓励"还是"批评"？································ 133

　　【亲子实务】如何正确惩戒孩子？······················· 135

第 2 节　撒谎的背后 ·· 136

　　【亲子实务】如何处理孩子说谎的问题？············· 137

第 3 节　纸做的红领巾 ··· 138

　　【亲子实务】如何呵护孩子的想象力？················ 139

第 4 节　上学路上的遗忘 ·· 140

　　【亲子实务】如何改掉粗心大意的毛病？············· 141

第 5 节　想天天看电视 ··· 143

　　【亲子实务】如何面对电视的诱惑？··················· 144

第 12 章　细心耐心 145

第 1 节　我不要和妹妹结婚 ······································· 145

　　【亲子实务】如何区别对待大宝、二宝？············· 147

第 2 节　生二宝不忽视大宝感受 ································ 148

　　【亲子实务】如何关注大宝感受？······················ 150

第 3 节　安全套是什么东西 ······································· 151

　　【亲子实务】如何开展儿童性教育？··················· 152

第 4 节　圣诞老人是爸爸吗 ··· 153
　　【亲子实务】如何用童话滋养童年? ··· 154
第 5 节　五年级之认识性别差异 ··· 154
　　【亲子实务】如何区别对待男孩女孩? ·· 156

第 13 章　夫妻恩爱 ·· 158
第 1 节　夫妻恩爱是家庭的定海神针 ·· 158
　　【亲子实务】如何建设幸福婚姻? ··· 159
第 2 节　家庭永远要摆在第一位 ··· 160
　　【亲子实务】如何处理夫妻矛盾? ··· 161
第 3 节　爱人是你的镜子 ··· 162
　　【亲子实务】如何在婚姻中成长? ··· 163
第 4 节　夫妻争执的应对模式 ··· 164
　　【亲子实务】如何处理夫妻间的冷战? ·· 165
第 5 节　关于离婚这件事 ··· 166
　　【亲子实务】如何把离婚的事告诉孩子? ·· 167

后序　决定孩子一生的是什么? ·· 169

参考文献 ·· 171

第 1 章　认识自己

有人问古希腊哲学家泰勒斯："你认为人活在这个世界上，什么事情是最困难的？"他回答说："认识你自己。"在阿波罗的德尔菲神庙上铭刻的这句格言——"认识你自己"，至今仍是人类求索的核心命题。要认识自己，我们往往需要从童年环境中去寻找。只有认识自己，才能知道怎么跟孩子更好地沟通。

第 1 节　儿子眼中的凶老爸

昨日儿子在单元考试中写了一篇令我万万没想到的作文。
题目是《爸爸真严格》，文章这样写道：

爸爸真严格。我跳绳停了一下，跳好后爸爸凶了我一下；我仰卧起坐三十几个，爸爸又凶了我一下；简直是一个"凶凶老爸"！有一次，我正在吹笛子，突然间，一个低沉的声音扑进我的耳朵："桐，笛子要拿平！"这阵声音吓了我一大跳，我左瞧瞧，右看看，哦——原来是爸爸正凶巴巴地盯着我呢!还有一次,我在看书,爸爸说了我一句:"桐桐!眼睛还要不要的啦?"我赶紧抬起了头,生怕爸爸一巴掌拍来,打得我屁滚尿流。爸爸真凶啊!

万万没想到我自认为是个慈祥的父亲却在儿子眼中是个"凶凶老爸";万万没想到我觉得很平常的训斥却在儿子心中留下深深的印记;万万没想到这些事情儿子不来告诉我却写了给老师看。

也不知道我这样的"凶"是否适当?

浙江省中医院专家高静芳在一次讲座中谈到教养方式时,提出了三要素:爱、温暖、权威。她认为:"妈妈的爱不要过多或过少,温暖则越多越好,而权威要少;爸爸的爱和温暖越多越好,权威则适当需要。"高教授所指的"温暖"是完全接纳孩子,在任何情况下都能给孩子依靠;而所指的"爱"过头便成了"溺爱"。

在亲子教育中,如何把握好"爱、温暖、权威"三要素之间的关系和界限,需要父母时时反思,正如我该反思儿子眼中的"凶凶老爸"。很多时候,我们自己看自己只能看到硬币的一面,而硬币的另一面需要别人看到后来告诉我们,那一面是怎样的。

孩子眼中的你,又是怎样的呢?

(写于2015年12月23日)

【亲子实务】如何正确处理亲子关系?

童年是建立良好亲子关系的最佳时期。只有建立了良好亲子关系,才能与孩子有效沟通,才能掌握其心理状况,才能达成最佳教育效果。一个情绪平和的妈妈，一个从不缺位的爸爸，他们的相亲相爱，是孩子童年最大的幸运，也是对孩子最好的教育。

1. 日常做朋友，相互尊重。平日里，父母尤其是父亲，要能和孩子打成一片，不要家长威风，努力做孩子的朋友。不仅尊重孩子，夫妻间也要互相尊重，并尊重对方父母，和谐民主的家庭氛围对孩子的身心成长、沟通模式起着耳濡目染和潜移默化的影响。

2. 适时做导师，不失威严。孩子做了激发你怒火的行为，棍棒式教育只会破坏孩子的安全感，破坏孩子对你的信任度，很可能再也走进不了他的心。唯有平息怒火，再蹲下来和孩子沟通，努力做孩子的导师。心平气和增强的是威严，暴跳如雷产生的是畏惧。

拓展知识　四种教养风格及效果

大多数抚养孩子的风格都可以归为四种不同教养风格中的一种：权威型、独裁型、宽容型、放任型。

权威型父母，奉行民主式教育，高标准严要求，奖惩并用，尊重孩子，孩子往往比较自信、独立而富有热情；独裁型父母，奉行棍棒式教育，诸如"虎妈""狼爸"，在惩罚中长大的孩子缺少安全感，往往比较焦虑；宽容型父母，奉行放手式教育，很少制订规矩，而是让孩子自己做决定，不考虑孩子是否已具备相应能力；放任型父母，对孩子不闻不问，毫不关心，甚至完全忽视和虐待。被宽容型和放任型风格抚养长大的孩子往往不太成熟，比较冲动，依赖性更强，要求更多。

第2节 一切源于童年的委屈

梦境一般被认为是通向潜意识的康庄大道。精神分析理论假设每个梦境均是潜意识经过编码后产生的结果，但是梦境要素的解释只有在对自己梦境象征进行自由联想后才能得出。因此，记录下自己的梦，是发现自己、了解自己的有效手段。

【梦境】

昨晚，梦见自己带着儿子从一地赶往另一地，在徒步的途中，看到树上挂着一条眼镜蛇，这时一个人冲过来徒手抓住眼镜蛇的七寸，甩了几下，眼镜蛇就死了，这一幕正好被电视台拍下。午餐时，看到电视里正放映刚才杀眼镜蛇的镜头。我催促儿子赶紧吃饭，但他却盯着电视不放。我要求他3分钟内一定要吃完。3分钟到了，却发现他还没吃完，仍旧在偷偷看电视。我一时火起，把他拉到角落，狠狠揍了起来，最后还朝他的身上踹了一脚。突然我想到：完了，这一脚下去，我们亲密的亲子关系再也没有了。于是惊醒了，那种感觉仍一直萦绕不去。

【解析】

我以为，这个梦的隐义是我担忧亲子关系的破裂。

现实中，我也曾因为他吃饭慢或不专心而骂过、打过他，也曾因为他哭泣不停而将他关在门外过。记得儿子三四岁的时候，有一次洗澡洗了很长时间，我担心他着凉而生气，冲进洗手间，看到他正拿着玩具在玩水，我突然像失去理智似的，狠狠地拍掉了他手上的玩具，玩具摔在地上碎成一片片。儿子愣在那儿，用惊恐的眼神望着我，我也一愣，感觉那双眼睛是那么透彻，如电流般穿透我的身体，将我的内心一览无余地看了个遍。

之所以会做这个梦，起因是，昨晚因为儿子语文才考了80多分，妻子在书房里严厉地辅导他改写了两小时的作文，直到快10点，儿子才得以上床睡觉。我独自在客厅看书，却倾耳细听着书房里的动静。妻子训儿子那一幕，让我想到小时候母亲训我。母亲对我是非常严厉的，我羡慕其他孩子，可以放学后玩耍，可以说脏话骂人。母亲曾因为我调皮将我锁在房间里好几个小时，母亲也曾因为我骂人将我衣服脱了留我一人在雪地里号啕大哭。童年的压抑必然引起青春期的轩然大波。因此，高中阶段，我和父母之间的战争不断上演、升级。而现在，难道我也要给儿子一个压抑的童年吗？

梦中惊醒后，迟迟无法入眠，胸口堵得慌。我把注意力放在胸口，问自己的心：你想告诉我什么？我突然感觉到，这个梦的隐义，并不是担忧亲子关系的破裂，而是自己内在小孩在诉说、在宣泄——为了童年缺失的快乐、缺失的放纵。那一刻，我与内心小孩产生了联结，任由它尽情地宣泄埋藏了那么多年的委屈……

（写于2015年11月26日）

【亲子实务】如何化解原生家庭的影响？

父母最初的教育观，更多来自原生家庭的影响，深受童年经历的左右。很多父母每次看了家庭教育方面的书后,感觉很有收获,但过后不久,发现又回到了老路。其实,问题的根源在自身,原生家庭带来的影响具有强大的惯性。但时至今日,我们不必再去深究上一代的责任,重要的是从我们自己开始反思、改变。

1. 接纳过去。 我们的性格里浓缩着童年的经历,过去发生过什么并不重要,重要的是我们怎么去处理,从而完善自己。在夜深人静时,聆听自己内心的声音;在触景生情时,释放自己内在的情绪。如此,才能把过去的自己整合进来,成为今天的全部的自己。

2. 反省自己。 教育孩子的过程中,我们内心深处的一些情绪时常会被唤起,这个时候,可以把孩子当作镜子,反省自己为什么会有这种情绪,从而开启修正内在模式,修复童年创伤,进而打破童年带来的恶性循环,给孩子一个健康快乐的童年。

> **拓展知识　整合过去的生活**
>
> 　　心理学上,整合是指接受个人生活中的现实和面对死亡不感到恐惧的能力。也就是说,要以接纳的态度面对过去的生活,而非痛斥或后悔过去作的决定、犯的错误;要以反省的方法整合过去的经验,获得积极的自我评价和思考。

第3节　童年已逝,当下才最重要

已经习惯于将点点滴滴的感想、情绪化成文字和图片。我从贵州支教回来后，生活重归于平静，近几个月来，心情没有跌宕起伏，也便没有了素材，所以也疏于写作了。直到最近，遇上了 30 年未见面的小学同学，于是，那句歌词"还记得年少时的梦吗"突然浮出记忆，一直萦绕在脑海之中。

我是 6 岁上的小学，一家人住在乡卫生院的宿舍，四年级时转学回到户籍所在地小学。在那 3 年里陪伴我一起长大的同学，绝大多数都已失去联系，他们的名字我也忘得差不多了。然而，我发现，小学生活时留下深刻印痕的那些同学，在某个地方、某个时刻，会再次出现在我的生活中，似乎冥冥中自有天意。有一次，在一家商店买东西时，我认出店主是小学同学，再次相逢是 15 年后；又有一次，到杭州工作后的一次老乡聚餐，认出坐旁边的人也是小学同学，再次相逢是 20 年后；还有这次，我的朋友和初中同学聊天时，发现他的同学是我的小学同学，于是有了这次 30 年后的再次相逢。

同学们说我小时候很爱动，有次约了几个同学徒步 10 多里去县城少年宫，只是为了看一眼哈哈镜，然后又徒步返回，到了一个村口还指给他们看："我的家就在这村里"。回到卫生院后，母亲还给同学们做了很多好吃的。同学说这段回忆最美。这段往事，我也记忆犹新，因为那天晚上我的脚不舒服一直睡不着，长大后才知道走路多了脚会酸得让人睡不着觉。

这些年少往事，再回首，恍然如梦。然而，同学情并不因时间的久远而变淡。我相信，散了的缘分能够再聚，那一定是为了提醒自己，要珍惜当下。

（写于 2015 年 10 月 25 日）

【亲子实务】如何不被自己的情绪绑架？

孩子不听话，一股无名之火从心底窜出，你暴跳如雷，破口大骂，甚至拳打脚踢，事后你懊悔不已，你希望改变，可是下一次孩子不听话时，你照样暴跳如雷……我们每个人或多或少都是情绪的奴隶。教育孩子的首要前提是：不发火，做到心平气和。越是心平气和，教育效果越好，威信度越高。体察当下，才不致被情绪绑架。

1. 感受身体。负面情绪来临时，人的第一反应是要控制情绪。事实上，控制只是将负能量压制在身体里，并未得到释放，反而会越积越多，最终反噬身体。如果觉察负面情绪来临，当即将关注点放在自己身体，细细体察身体哪个部位有何种反应，比如胸口闷、头脑胀，感受它、跟着它，当感觉消失时，也就从情绪中走出来了。

2. 心情日记。写日记是发泄情绪的绝佳办法。不要单纯记下事件，而是毫无保留地记录你的感想。在我们写下一天的感想或对某件事的反省时，就能更清楚地看到全局，由此得以明了事理、学得教训，下次负面情绪来临就能马上觉察。

拓展知识　大多数心理疾病要追溯到童年

为什么大多数心理疾病都要追溯到童年呢？这是因为人类有趋利避害的本性，从小就会用谎言来逃避痛苦。比如童年时遭到父母虐待的孩子，会压抑内心的痛苦和恐惧，而在潜意识中强迫自己相信父母是爱自己的，但被压抑在潜意识里的痛苦和恐惧始终存在，最终以心理疾病的方式表现出来。

第4节 亲子教育，从心理学开始

最初想学心理学是因为亲子教育的需要。心理咨询师的培训学习，让我突然发现，以前在亲子教育方面原来是如此无知，完全没有顾及孩子心理的发展阶段。儿子情感丰富，平时会因为一点小委屈而哭泣，即使是去幼儿园上学也会因为和我的暂时分离而不停地哭泣。以前我总是不让他哭，认为男孩子就应该坚强，所以他一哭我就会打骂他，甚至将他关在门外。学了发展心理学后，我对自己的行为非常愧疚，也很担心会影响他将来的行为模式。于是有次我就此事向他道歉，他说：没关系，我早就不记得了。我知道他的潜意识不会忘记，希望通过这个道歉仪式使负面影响最小化。孔子主张"三省吾身"，而今我也学会了反省，懂得全身心去接纳儿子的情绪和行为，用他的话说，我是他最好的朋友。

人生大多时候，我们都是一个人在路上，而路上所遇见的人和事，只是为了完成这一生的修行。心理学书籍读得越多，我越觉得这是一门身心灵修行的功课，学习是为了更好地修行自身。今年发生的一件事让我对此有了更深的理解。春节以来，爱人因椎间盘突出而住院。当时，我正在学习《疾病的希望》这本书，在书中看到这样一句话："脊椎症状背后的问题是负担过重，应该借这个机会静静思考为什么自己承担了这么大的压力。"身与心是呼应的，爱人的确是个劳心劳力的女人，她总有做不完的家务活，忙不完的家务事，为孩子的学习操心，为每月的房贷操心。这次疾病，对她而言，是促进身心灵成熟的一次机会。对于我而言，又何尝不是呢？在这段日子里，我既当爹又当娘，每天起早摸黑，做饭、洗衣、接送孩子，还得辅导孩子学习，中午下了班要去医院照顾爱人。

这些体验让我能站在爱人的角度去看待以前生活中的摩擦，让我更深刻地认识到："我们不能改变事实，但我们可以改变自己的想法。"

学得越深入，我的心态越平和。因为我明白，没有任何事情可以造成心理上的痛苦，痛苦是来自于自己对事情的解释，痛苦是自己创造出来的；学得越长久，我的力量越强大。因为我懂得，只要有正面的思想，就会有力量。

（写于 2015 年 3 月 15 日）

【亲子实务】如何学习家庭教育心理学？

随着国家对教育越来越重视，市场上关于家庭教育的书籍非常多，如何在海量的书籍中找到打开家庭教育大门的钥匙呢？不妨学点心理学，既可助人，也可自助。

1. 基础理念类。如《津巴多普通心理学》《发展心理学》。方法管一时，理念管一世，家庭教育首先要解决的是核心思想的问题。掌握了核心思想，遵循了教育规律，自然而然能找到最佳的教育方法，不会出现方向性、原则性问题。

2. 心理案例类。家庭教育中发生的真实故事，在喜怒哀乐中，包含有心理的活动、观念的冲撞。这些案例更能引发家长思考，具有指导性。案例的选择要素是选题典型、叙述生动、内涵深刻、指导科学。

3. 修身哲学类。教育孩子，必须提升自己、完善性格。父母是孩子的第一任老师，一言一行都会对孩子造成影响。只有父母不断学习、不断思考，才能完善自己、知行合一，才能给孩子提供良好的家庭教育。

> **拓展知识　家长的角色和心理医生相似**
>
> 　　懂点心理学，家长能更专业地倾听孩子心声，满足孩子的心理需求；懂点心理学，家长能更主动地调整自己的育儿心态，改变教养风格；懂点心理学，家长能更客观地对待自身弱点，实现性格自我完善。正如心理治疗大师M.斯科特·派克所言："家长的角色和心理医生相似。"

第5节　儿子给我过父亲节

　　儿子桐要给我过父亲节，于是，我的今天就交由他来安排。

　　一早，我们手拉手去晨练。去工商大学操场的路上，桐说，好久没单独和爸爸待一起了。随后向我讲述了学校里、班级里的秘密。我努力做个忠实的听众，而不加以评判，适当时才予以引导。要是过多地介入或批评，或许以后他就不让我当听众了。

　　跑步、篮球、羽毛球，这是爱人每次带桐来校园锻炼的三部曲。而我在带娃体锻方面是缺位的。或许这便是桐带我一起来的原因。休息时，桐说：我感觉力量又恢复了，这便是锻炼的好处呀，每锻炼一次力量增长一分呀！我明白了，就像手机游戏里，锻炼后又满血复活了，甚至有了更多精力。

　　返回路上，桐带我去了一家面馆，说要让我品尝下以前在北京吃过的双皮奶。刚坐下不久，一位女士快速走向前台，对老板娘说："谢谢你们呀，昨天我父亲在这里吃面，因为不能吃辣又让你们换了一碗，后来还把行李包落在店里，你们还一直帮他保管着，我今天来付另一碗面钱，是我们自己的责任。"老板娘推开递过来的钱，连忙说："没关系的，这是我们应该做的。"几番推辞后，那位女士不断道谢才离开。老板娘感慨地对店员说："世上还是好人多呀！"议论起这一幕，我和桐也感慨良多，今天发现了父亲节很多正能量：晨练是正能量、做好事是正能量。我们决定一起去寻找更多的正能量。

随后，我找到了许多：桐送的礼物——指间陀螺、桐做的中餐——担担面、桐承包了家务活……

（写于2017年6月18日）

【亲子实务】如何提高爸爸育儿参与度？

"我工作太忙，顾不上孩子""我文化层次低，不知道怎么教育""孩子不缺人带，不差我一个"……在竞争激烈的社会中，爸爸们往往以赚钱养家为由而很少参与孩子的教育和成长过程。然而，在父亲缺位的家庭中，孩子的社会化和性格发展都会受到影响。如何让爸爸参与到孩子的养育中来？

1. 妈妈后退。中国的家庭教育，主要由妈妈主导，从胎教开始，直到孩子成家立业，一直在操心、焦虑。妈妈一边责备爸爸的缺席，一边对爸爸带娃的方式过多批评，矛盾由此产生。心理学认为，夫妻关系大于亲子关系。事实上，夫妻关系和谐，这时只要妈妈后退一步，爸爸参与育儿的程度就越高。

2. 设计载体。和孩子一起游戏、睡前讲讲故事、有空逛逛博物馆、周末郊外走走、假期外出旅游……多设计一些活动形式，尽可能和孩子良好地互动，做好儿子的性别角色示范，得体地跟女儿交流。

第6节 人家爸爸的爱很深沉

每天下班回家已是六点半,三口之家就简简单单做两个菜,一荤一素足矣,有时没荤菜就蒸几根金华香肠,很是美味。

这天晚饭,我把蒸好的三根香肠,一人一根放到各自碗里。桐早就饿得不行,赶紧围到桌前来。妻子还在忙着洗衣服。桐一边喊道:妈妈,开饭啦,一边将妈妈碗里的香肠啃掉一小块,然后对着我窃笑。我不甘示弱,也饿虎扑食般在他咬过的香肠上啃了一口。桐说:"你学我呀?"就在这时,妻子过来了。我们赶紧落座,挤眉弄眼一番,然后哈哈大笑。

桐说:"我觉得爸爸非常的不同寻常,我是说和别的爸爸比。"

我莫名其妙地问:"我咋了?"

桐说:"人家爸爸的爱是很深沉的,你的爱像妈妈的一样。"

妻子好奇地问:"怎么看出来?"

桐说:"每天都那么幽默!"

妻子微笑着问:"那你喜欢深沉还是幽默?"

桐回答道:"当然喜欢幽默啰!"

我突然被这番话感动了:原来在儿子心里,我是一个幽默的父亲、一个让他感受到爱的父亲,有什么比这更难得可贵呢?这不正是对我最高的评价吗?都说父爱如山,而中华传统的父爱往往是深沉的爱、无言的爱。父亲给我的爱,就是这般,而我并没有继承这份传统。回忆起和儿子相处的点点滴滴,我突然明白,并不是我陪着他,而是他陪着我。他不仅在欢笑中给了我幸福快乐,也在争执中促使我反躬自省,更在陪伴中找回我童年的快乐。原来,真正需要的人，是我；得到最多的人，还是我。

谢谢你，我的儿子！

（写于 2018 年 1 月 12 日）

【亲子实务】如何表达男人的温情？

男人习惯于将他们的温情深藏。男人在情绪表达上，更多地受理智影响，表面上是深沉，骨子里却是异常的柔软和温暖。爱是孩子成长最好的养料，何不试着将骨子里的爱释放出来呢？

1. 对妻子甜言蜜语。 夫妻融洽相处、爱意浓浓，营造一个充满爱的家庭氛围。对妻子时时处处表达爱意，甜言蜜语是夫妻感情的润滑剂，于细节处体现温情。比如每天离开家分别时、回到家相聚时，先拥抱妻子，再拥抱孩子；晚饭后主动承揽洗碗等家务活，并柔情地对妻子说："老婆，你辛苦了！"

2. 对孩子幽默风趣。 平日里收起父亲的威严，通过温暖的眼光、柔和的触觉、和蔼的神态，给予孩子无微不至的关怀，传达对孩子的爱意。经常对孩子说："我爱你"，用力拥抱、亲亲孩子的小脸；睡前跟孩子说说话、谈谈心、讲讲故事；积极回应孩子的喜怒哀乐，和他讲笑话、开玩笑、捉迷藏、玩游戏；欣赏孩子的优点，体谅孩子的错误，和风细雨地批评，不责骂、体罚孩子。

第2章 低下身子

5岁是孩子心理发展最迅速的时期,其兴趣慢慢转向了外部的世界,开始去认识更多的朋友,包括和老师接触。一个重要的表现就是开始喜欢爸爸甚于喜欢妈妈,认为爸爸更好玩儿,这是一种普遍的儿童心理,因为孩子觉得妈妈有很多规则,总要自己这样那样,而爸爸只跟自己玩儿。考虑到这一点,孩子2岁后,父亲要进入孩子的内心,就必须跟孩子玩,不要对孩子过于严厉。什么时候可以开始教育孩子?等孩子跟你亲近,再教育、引导孩子就会事半功倍。

第1节 父亲不能缺位

尹建莉在《最美的教育最简单》一书中提到一个故事:

第二次世界大战后,罗马尼亚陷入经济困顿、人口锐减的状态。为此,政府鼓励生育,规定每个育龄妇女至少要生4个孩子,如果家庭无力承担,可以送孩子到政府出资的国家教养院进行集体抚养。该政策出台后,先后有 6 万多名婴儿一出生就被送进教养院，进行批量抚养。这些孩子后来大多数人出现行为异常，智力低下，情感发育不良。他们不会和人交流，无法形成对视和对话，独自坐在角落，不停地前后摇晃或不断重复某种刻板行为，对陌生人没有恐惧感，也没有沟通能力。后来有一部分孩子被送到美国底特律儿童医院做大脑断层扫描，结果发现他们大脑的海马体和杏仁核等多部位都不正常。后经脑神经科学证实，早期情感发育不良，会直接损害大脑的正常发育，使其结构异常，造成无法逆转的病理性改变。

读完这个故事，我突然有种冲动，想去开办一家幼儿园。

回想去年暑假和贵州留守儿童生活的一周，感觉他们都很聪明，但也很腼腆、内向，不太喜欢说话。我能感受到这些孩子对父母的思念，但他们无处诉说也不懂得如何化解，这些思念便压抑下来，压抑得太多了，就会处于情感饥饿的状态，影响孩子的脾气、性格、心理健康。现在的父母越来越重视早期教育，认同在孩子 3 岁前应由母亲多陪伴，3 岁后则由父亲多陪伴。父亲的"男人气质"，是影响孩子性格形成的关键因素；父亲广阔的视野、丰富的知识，是孩子认知能力发展的重要源泉；父亲的言谈举止、举手投足，含蓄地传递着对子女的关爱。世界卫生组织研究发现，每天和父亲相处两个小时以上的孩子往往智商更高，男孩看上去更坚毅，女孩长大后更懂得与异性交往。所以，假如我是幼儿园园长，我会做两件事：

一是幼儿园的男性老师至少要半数以上；二是尽可能让孩子父亲参与到早期教育中。既然孩子 3 岁以后需要父亲更多的陪伴，那么，就要通过设计各种活动让父亲参与进来，比如：家长会都由父亲来参加、学校开放日都由父亲来观看、老师经常与父亲交流孩子成长中的问题，还要有意识地提高父亲的共情能力。共情能力是心理学术语,指的是能设身处地体验孩子的处境,从而达到感受和理解孩子情感的能力。当孩子出现问题时,首先失控的却是家长自己,而共情能力的提高能让家长自我反省。

著名教育家陶行知说过,校长是一个学校的灵魂。山东教育报刊社原总编辑陶继新说:一个有思想的校长可以把一所江河日下的学校经营得蒸蒸日上,一个没有思想的校长可以把一所蒸蒸日上的学校经营得江河日下。可见做校长首先要有思想,要具有符合教育本质的理念。做家长同样要有思想,要将符合教育本质的理念贯穿于家庭教育之中。我们唯有先提升自己的理念,时时刻刻站在孩子的角度,探求他们的感受,向孩子学习。

(写于2016年3月11日)

【亲子实务】如何做到真正的陪伴?

为了孩子的成长,很多家长放弃所有的娱乐时间,每天都陪在孩子身边。然而,如果只是坐在孩子旁边,却干着自己的事,如玩手机、看电脑,缺少与孩子的互动,这种陪伴是无效陪伴。事实上,你与孩子互动越多,亲密度就越高,孩子在互动中也能不断学习与人交往的能力。

1. 全心陪伴。 和孩子相处的质量,远比时间的长短更重要。多花一点时间陪伴孩子,最好有爸爸和孩子的二人时光。在陪伴过程中,问问自己:孩子是你注意力的中心吗?你是否认真倾听孩子每一句话、观察孩子每个动作?你真正地参与孩子的活动吗?你对孩子表达爱、支持、鼓励和肯定吗?

2. 身体互动。 与孩子互动,可以试试跟孩子一起做游戏,比如追赶打闹、进行棋类比赛。在亲子游戏的时候,在交谈、握手、拥抱、用餐等陪同孩子的时候，和孩子进行肢体接触是情感的表达，是爱的流动。比如，让孩子坐在爸爸的膝盖上看书，或者下班回家来一个拥抱，或者扛在肩膀上玩闹。

第2节　别忽视孩子的话

早上去磐安疗养的车上，发了一瓶矿泉水，牌子是"纯水乐"。前段时间，儿子摆摊批发的就是这牌子的水。拿着它，想起昨晚的一件事。

昨晚一家人去欧尚超市，快走到正门口时，儿子要拉我们去后边的大门，说他发现那边有"纯水乐"矿泉水的批发点，要带我们去看看。也许这时他的心里很期盼把这重大发现和我们分享，可是我们关注点并没有在他身上，简简单单的一句"那是临时仓库，矿泉水进超市还要交进场费呢！这些你不懂的"便应付过去了，然后拉着他从正门进了超市。

此时此刻，我拿着这瓶水，昨晚的那一幕却历历在目，好似在提醒我昨晚忽略了他。是的，我忽略了他。当时我有其他重要的事情吗？没有！那么我为何不多走几步跟随他去看看他的重大发现呢？为何我没有更多地同他说说超市进场费的事情呢？作为父母，为什么我们总是忽略孩子的话呢？在孩子的成长过程中，我们往往更多地关注他物质上的需求，却忽略了他精神上心理上的诉求。

想起一则故事，摘录如下：

一个夏日午后，长椅上并肩坐着一对母子，风华正茂的儿子正在看报，垂暮之年的母亲静静地坐在旁边。忽然，一只麻雀飞落到近旁的草丛里，母亲喃喃地问了一句"那是什么？"儿子闻声抬头，望了望草丛，随口答道:"一只麻雀。"说完继续低头看报。母亲看着麻雀在草丛中颤动着枝叶,又问了声:"那是什么?"儿子不情愿地再次抬起头,皱起眉头:"我刚才告诉过您了,妈妈,是只麻雀。"说完一抖手中的报纸,又自顾看下去。麻雀飞起,落在不远的草地上,母亲的视线也随之起落,又问:"那是什么?"儿子不耐烦了,合上报纸,对母亲说道:"一只麻雀,妈妈,一只麻雀!"接着用手指着麻雀,一字一句大声拼读:"摸—啊—麻!七—跃—雀!"然后转过身,负气地盯着母亲。老人并不看儿子,仍旧不紧不慢地转向麻雀,像是试探着又问了句:"那是什么?"这下可把儿子惹恼了,他挥动手臂比画着,愤怒地冲母亲大嚷:"您到底要干什么?我已经说了这么多遍了!那是一只麻雀!您难道听不懂吗?"母亲一言不发地起身,儿子不解地问:"您要去哪?"母亲抬手示意他不用跟来,径自走回屋内。麻雀飞走了,儿子沮丧地扔掉报纸,独自叹气。过了一会儿,母亲回来了,手中多了一个小本子。她坐下来翻到某页,递给儿子,点指着其中一段,说道:"念!"儿子照着念起来:"今天,我和刚满3岁的小儿子坐在公园里,一只麻雀落到我们面前,儿子问了我21遍'那是什么?'我就回答了他21遍'那是一只麻雀。'他每问一次,我都拥抱他一下,一遍又一遍,一点也不觉得烦,只是深感他的天真可爱……"老人的眼角渐渐露出了笑纹,仿佛又看到往昔的一幕。(来源:中国新闻网《一只麻雀的故事》)

故事中的母亲真伟大。有多少父母能有她那样的耐心呢?做父母,要学习的事很多!做父母,要修行的路很远!

试问:我们对孩子是"指责多"还是"鼓励多"?是"唠叨者"还是"倾听者"?是"高高在上"还是"打成一片"?

(写于2015年8月6日)

【亲子实务】如何做一名合格的倾听者？

一名合格的心理咨询师，与求助者要建立良好的咨询关系必须做到 5 点：尊重、热情、真诚、共情、积极关注。如能做到这些，家长就是一名合格的倾听者。

1. 尊重。 蹲下身子，看着孩子的眼睛，认真听完孩子的讲述，不能流露出不满和指责，要尊重孩子言行。

2. 热情。 在倾听过程中，始终充满热情、耐心、细致地循循善诱，不因孩子表述的内容而批评指责。

3. 真诚。 不伪装、不敷衍，实事求是，真诚表达你的观点，引导孩子解决问题。

4. 共情。 从孩子角度去体验他的情感与思维，并表达理解和感受。比如孩子跑回家说："我的球队今天赢了！"这时你可以这样回应："那真是令人激动的事，你们球队得分多少？"这样回应表明"我听到了你所说的事情，我对此感兴趣，想知道得更多一些"。

5. 积极关注。 对孩子言语和行为的积极、正性方面予以关注，帮助孩子发现自己的优点、长处，促使孩子拥有积极的价值观。

拓展知识　爱，最重要的体现形式是关注

心理治疗大师 M. 斯科特·派克提出：爱，最重要的体现形式，就是关注。对孩子来说，父母的关注就是陪伴和倾听。父母对孩子关注越多，就越能了解孩子的真实状况：喜欢什么？不喜欢什么？什么缺点要改正？什么习惯要强化？……这些都是不可或缺的信息。孩子就像刚栽的小树苗，需要父母经常施肥、浇灌，一旦歪倒了，随时要把它扶正，只有时时关注它的生长，它才能最终成长为参天大树。

第3节　陪孩子摸爬滚打

每次我出差,儿子总是盼着我回家,等我一回家,便扑过来,问我给他带了什么礼物,而我总是会忘了带礼物,于是随便拿点东西打发他,有时候宾馆里的一次性香皂也会成为给他的礼物。而他,无论礼物大小、多少,都能兴奋好久。

这样的情景也让我想起小时候。那时我住在农村,而父亲在另外一个镇的卫生院上班,每天他骑着自行车上下班,经常带回好多东西,我便翻找有没有好吃好玩的礼物。每到父亲快回来的时候,我便跑到村口,等着父亲带回的礼物。有次,我看到老远有个人骑着车过来,骑车的神态好似我的父亲,于是,我飞跑过去,边跑边喊:"爸爸、爸爸……"然而快到近前时,突然发现那人并非父亲,那一刻,窘得我满脸通红。那一刻,也永久地定格在我的记忆里。

这是父与子之间的浓情。如今我自己也成了父亲,更能体会到与儿子之间的浓情。与儿子每一次的分别,即使是短暂的分开,都会有一种依依不舍的感觉。儿子会把我送出门,然后要求我在每一层楼道,都要透过楼道缝隙和他打招呼。于是,我们像玩游戏似的,从五楼到一楼,每一楼都互相叫下对方,然后挥挥手。待我完全到楼下时,儿子飞快地去搬个凳子放在窗户下,爬上去趴着窗户,再次和我挥手告别。一时间,依恋、割裂、难过等情感涌上心头。

在儿子还在读幼儿园的时候,每次送到学校,他就是这样趴在教室的窗户,目送着我离开。我在日记里记着:2010年12月12日,幼儿园陈老师发来短信,"桐桐自上次和爸爸从老家回来后,情绪一直时好时坏,不太稳定。最近一阵子和以前相比,吃饭有些挑食,午睡时常常想小便,经常念叨想爸爸。跟你交流下情况,家里也适当关注、引导一下。"这是安全型依恋关系未形成的表现,源于两地分居。现在我懂得了,作为父母,在孩子还小的时候,要尽量陪伴他,和他一起度过安全型依恋关系形成的时期,这对于他今后良好的人际关系模式具有重要的作用。

随着儿子渐渐长大,父与子间这种依依不舍的情景会越来越少,我时常提醒自己,要珍惜和儿子在一起的时光,珍惜一起装扮鬼脸、一起摸爬滚打的时光。现在我下班回到家时,儿子会放下手头的作业,马上躲起来,我装作不知,然后去寻找他,找到时他大叫一声,我装作被吓到了。爱人对于我俩的游戏只有羡慕的份,我会一直玩着这游戏,直到有一天儿子不再和我玩了。

儿子,你慢些长大,多给我一点陪着你长大的时间吧!

(写于2015年5月14日)

【亲子实务】如何做孩子最好的玩伴?

玩耍,是童年最重要的内容,对孩子成长非常重要。除了独自玩耍,和小伙伴玩耍,还有一种不可忽视的玩耍形式——和父母玩耍。一名称职的家长,首先要成为孩子的好玩伴。

1. 找回童心。 我们首先要把自己当成孩子,站在孩子的立场上,用孩子的视角对待问题。试着回想一下我们的童年,将心比心,碰到问题替孩子想想,就很容易了解孩子了。如果与孩子玩不到一起去,反思自己是否高高在上,没有把自己当成孩子。

2. 亲子游戏。或许你不知道和小孩玩什么，那么不妨把自己童年里玩的游戏一一教给孩子，也可以向孩子学现在流行的游戏。通过运动类游戏，做孩子的伙伴、队友或对手，锻炼协调能力，培养合作精神；通过竞技性游戏，告诉孩子胜不骄、败不馁，保持平和心态；通过娱乐类游戏，发现和培养孩子的兴趣爱好。

3. 做有心人。时时提醒自己，教育孩子也是自己成长的机会。要"善玩"，增加知识储备，多看些教育书，明白玩的意义；要"会玩"，培养兴趣爱好，改变生活习惯，和孩子能玩得起来；要"好玩"，加强情绪管理，不能情绪变化快，让孩子捉摸不透；要"精玩"，关注孩子心理，及时调整方式，促进孩子拥有快乐的心境。

拓展知识　四种依恋模式的性质

依恋是个体与成人发展的一种特殊的、积极的情感纽带。在婴儿出生后的前6个月，母亲与婴儿的亲密接触，最能成功与婴儿建立起安全的依恋关系。心理学上将依恋模式分为4种：一是安全型依恋，母亲对婴儿关注度高，较多拥抱孩子；二是焦虑回避型依恋，母亲容易伤感或生气，很少拥抱孩子；三是焦虑抵抗型依恋，母亲对婴儿的反应没有一贯性，忽视婴儿啼哭或打扰婴儿休息；四是紊乱型依恋，母亲缺乏应有的爱护行为，往往有抑郁或其他心理问题。

第4节　不要让孩子怕你

中午，妻子因学校开运动会没回家，我便简单做了两个素菜：炒青菜和炒青豆。儿子拿起筷子，眼睛盯着菜盘子，嘴里嘟囔道："都是素的呀？"我瞪了他一眼："咋了？不满意呀？赶紧吃吧。你妈妈可是有交代的噢，吃完饭抓紧睡个午觉，下午才有精力去王老师家学笛子。你的一举一动我可是全部记下的噢，到时候一五一十要向你妈妈汇报的呀！"儿子皱起眉，放下筷子，扮老虎扑食样："你……"随后，他的十指掐住了我两边脸颊，使劲捏起来。当面部传来疼痛的瞬间，一个念想从我脑海里窜出："这小子胆子怎么这么大，敢对老爸动手动脚，难道他不怕我？"顿时，一幕幕"不怕我"的场景浮现在眼前。

早晨，他一醒来，不管我是否还在睡梦中，穿着外裤就一骨碌钻进我的被窝，我假装深睡不醒，他便用大拇指和食指撑开我的眼皮，我故意猛地睁开双眼，吓他一下，惹得他哈哈大笑。我起床洗漱好走回客厅时，他猛地从玄关处跳出来，我被"吓"得双手使劲拍胸脯，面部露出夸张的惊吓状，他得意地蹦跳着去洗漱了。当我下班回到家，他要不和我躲猫猫，要不窜到我身上。周末在家，我们常常追逐着"打架"，赤着脚，从地上跳到床上，从床上蹦到沙发上，妻子刚擦好的地又被我们给弄脏了。有时候，我们也会因玩耍而闹翻，于是一整天不和对方玩了。有时候，他背着妈妈吃垃圾食品被我发现，他便将食指伸到嘴边，发出"嘘"声，我们心领神会，我默默地伸出手掌，他便分出一些垃圾食品放到我手掌上，于是我们一起"干坏事"。

这一幕幕突然让我觉得，和儿子在一起玩耍，我忘了自己的身份是爸爸，倒像是他的哥哥。难怪他并不怕我！能够成功地做儿子的玩伴，不亦乐乎？

（写于 2016 年 10 月 16 日）

【亲子实务】如何处理孩子的秘密？

孩子不怕你，才会将心底的秘密告诉你，因为你是他的朋友。孩子在成长过程中会有许多小秘密，千万不能把他们所谓的秘密当成笑话看待。

1. 认真倾听。当孩子告诉你秘密时，一定要认真倾听，不要流露出不耐烦、无所谓、早知道的神情，那会破坏孩子对你的信任，也打击了孩子的自尊心。孩子说完后，要记得说一句："我一定会为你保守秘密的。"

2. 保守秘密。不能把孩子的秘密当成笑话说给别人听，有时秘密甚至都不能告诉爱人，否则一旦败露，不守信用的后果不仅是让孩子不再分享秘密，而且选择把越来越多的秘密藏在心底。

3. 加锁抽屉。当孩子渐渐长大，开始有了自己的秘密，甚至拒绝与父母分享秘密，这是自我成长的必然表现。这时候，家长不妨收起好奇心，可以给孩子设置一个加锁的抽屉。尊重孩子的个性发展，才能最终赢得孩子的尊重。

第 5 节　关系大于教育

前些天，听闻一名小学四年级的学生向杭州海豚热线求助，让接线的心理咨询师深感我们的学校教育和家庭教育太失败了。而就在昨天，杭州一小学四年级男生从学校教学楼四楼跳下，幸运的是没有生命危险，但双脚骨折。每一个问题孩子的背后，都有家庭的原因。这种行为的背后，有很多值得父母深思的地方。据说，这个男生的家长是做生意的，没有时间管他，平时寄养在别人家里。

今年以来，发生在杭州的小学生自杀事件已经好多起。深究其因，都可以归因于亲子关系问题。心理学家李子勋就提出："关系大于教育"。他认为："家长不需要说很多的教育理念，不必要告诉孩子该怎么做，不该怎么做，只要有良好的关系就行。"这里的关系不是过度亲密、依恋的纠缠关系，而是一种相对自由和谐、彼此尊重的关系。当父母和孩子建立起这样的关系的时候，孩子会无意识地向父母期待的方向去努力。如果更注重关系，孩子会自然地进步，从根本上说，实在的改变是在日常关系中，而教育理论只是帮父母认清一些东西而已。

然而，据了解，原来亲密无间的亲子关系，在孩子步入三年级之后，似乎代沟在不断地加深：孩子越来越不愿意和家长沟通了，学校发生的事不再和父母讲了，不再和父母撒娇了，而是把情绪隐藏了起来。这些变化，既可能是孩子走向独立、走向成熟的正常反应，也可能是亲子关系不和谐的反应，冲突的亲子关系往往导致孩子走向极端。

好的教育会体现在好的家庭关系中，不用刻意教育，孩子就知道该怎么做。亲子关系好的家庭，气氛应该是很轻松的，孩子跟父母能够像朋友一样，孩子有话都可以说。幸运的是，我和小学三年级的儿子目前仍是好朋友。当他抱着我一个劲地亲时、当他和我四处追逐戏闹时、当他要求骑到我脖子上时、当他受委屈抹眼泪时，我总感觉他还是个幼儿园的宝宝，以为是男孩晚熟的表现，却不曾意识到这也是良好亲子关系的表现。

随着儿子渐渐长大,要保持这份良好的亲子关系实属不易,还需要我这个父亲时时提醒自己,要更加尊重他,营造一种更加宽松、和谐、平等的家庭氛围,切切实实贯彻好"关系大于教育"的理念。

(写于 2015 年 12 月 2 日)

【亲子实务】如何避免家庭教育误区?

教育不在于父母懂多少、会什么,而在于亲子关系是否和谐。把握以下两个原则,避免踏入家庭教育的误区:

1. 不横向比较。 拿自家孩子和别人家孩子比,最伤孩子的心。孩子的心理是敏感的,也是脆弱的,横向比较会使他抬不起头来,会让他觉得你的爱转移到别人家孩子了。最好的办法是只将孩子纵向比较,哪怕有一点点进步和长处,都值得赞扬。要善于用放大镜观察孩子的优点,肯定孩子的点滴进步。

2. 不盲目焦虑。 身边的家长纷纷给孩子报各种补习班、辅导班,是否让你心中纠结和焦虑;看着孩子成绩上不去或落下来,你是否恨不得让孩子把全部时间用来学习;为了给孩子创造最优质的教育环境,你是否不惜血本也要拼尽全力?教育问题层出不穷,让家长疲于应付,焦虑不已。最好的办法是,先调整好自己的状态,再根据孩子个性和兴趣进行"*差异化*"教育,即孔子主张的"*因材施教*"。

第 3 章　放飞风筝

跌倒了，自己爬起来，这才是成长；闯祸了，得承担责任，这才是真正意义上的成长。父母过多的呵护，反而会束缚孩子。我们保护不了孩子一辈子，我们也不愿孩子成为温室里的花朵。我们有责任和义务，训练和培养孩子，让他自己有勇气、有力量面对生活的起起伏伏。只有放手，孩子才能自由成长！

第 1 节　有一种爱叫放手

我每天晚上给儿子烧好开水灌在壶里冷却，第二天再灌进热水调成温水，然后让他带到学校去喝。可是，往往是满的带去，满的带回。对于他不爱喝水这个问题，我也挺无奈。于是，对他说："我每天给你准备好开水，可你喝得那么少，最后只能倒掉。我觉得你不尊重我的辛勤劳动。以后你自己解决喝水问题吧，如果需要我帮助你烧好开水，那每天带去的水应该主动喝掉。"前几天，儿子水壶也不带了，说自己到学校喝饮水机里的水，最近又来要求我帮助他准备开水了，于是喝水量明显多了起来。这让我突然意识到，放手是一种更好的教育方式。

很多父母也会像我一样，特别是做母亲的，会有各种各样的担心、焦虑。比如，担心孩子渴着，于是强迫他多喝水；担心孩子饿着，于是不断地往他碗里夹菜；担心孩子冻着，不管孩子冷不冷都给他强加衣服；担心孩子上学迟到，于是瞪着眼睛拼命催促；担心孩子学习不好，于是孩子做作业时一边监督一边不停唠叨。与其说这些是担心或焦虑，倒不如说这是家长的一种控制欲。

控制欲望强的父母，希望孩子最好乖乖地听话。然而，越控制，后果越严重。最终，孩子或因顺服而失去个人意志，或因叛逆而成为问题儿童。

有位家长问著名的教育家马卡连柯：我的孩子现在无法无天，谁也管不了，到底该怎么办呢？马卡连柯反问他：你经常给孩子叠被吗？是的，经常叠！马卡连柯又问：你经常给他擦皮鞋吗？是的，经常擦！马卡连柯说：问题就出在这里。这个故事告诉我们，很多时候孩子成长中出现的问题都是父母的不恰当角色行为和教育行为导致的。事实上，孩子成长的过程，应当是父母逐渐放手的过程。

《特别狠心特别爱》书中提到这么一个犹太家教法则：这个世界上所有的爱都以聚合为最终目的，只有一种爱是以分离为目的的，那就是父母对孩子的爱。

父母真正成功的爱，就是让孩子尽早作为一个独立的个体从你的生命中分离出去，以独立的人格面对他的世界。撤退越早、放手越早，孩子就越容易适应他们的未来。

有一种爱叫作放手。随着孩子的成长，父母要本着大人放手、孩子动手的原则，不断调整角色，从照料者逐渐过渡到教育引导者，以及成为孩子的同伴。

（写于2016年1月4日）

【亲子实务】如何提高独立能力？

家庭教育中父母对孩子包办太多，培养孩子独立性的意识不足，对孩子的身心发育和未来发展都是不利的。

1. 狠心放手。培养孩子的独立能力是一项长期、烦琐、细致的工作，家长要狠得下心，也要有耐心。可以从一件件生活小事中去培养，比如教他洗衣做饭，先教正确方法，然后耐心观察，还要及时鼓励。要遵循由简到繁、循序渐进的原则，避免简单的命令，防止孩子产生对立情绪或厌恶心理。学校布置的作业，可以帮助孩子，但不能包办。

2. 民主集中。创设民主和谐的家庭氛围，家里的大事小事、决策决定都应该让孩子参与，听取他的意见，共同做出选择。在这样的家庭环境中，孩子才会有活跃的思维，敢于发表自己的意见。孩子发表意见时，即使是错误的，也要让他说完，然后再给予适当指导。对于正确意见，要积极肯定和表扬，增加孩子主动表达的自信心。孩子有新奇的想法，不急于否定，允许标新立异。

3. 分担家务。自己的事情自己做，家长绝不能代劳。家务活要分工，人人有责，给孩子分配适当的家务活，养成为家服务的习惯。一些家务活可以请孩子帮忙，比如到楼下小店去买油盐酱醋之类的东西。孩子干活时，由于能力有限往往好心做了坏事，这时家长千万不能发脾气，保持平常心，鼓励他再试一次。当孩子碰到困难时，鼓励他自己解决，在尝试、体验中获取信心。

> **拓展知识　埃里克森的社会心理发展理论**
>
> 　　心理学家埃里克森将人的发展视为一系列社会心理阶段。一个人只有将现阶段的问题解决掉，才能成功处理下一个阶段出现的问题。他认为，儿童期的社会心理阶段有4个：
>
> 　　第一阶段：0~1.5岁，发展危机是信任与不信任。如果孩子缺乏身体抚慰，经常见不到照料者，就会产生不安全感及焦虑。
>
> 　　第二阶段：1.5~3岁，发展危机是自主与自我怀疑。如果孩子受到过多限制和批评，就会导致自我怀疑。
>
> 　　第三阶段：3~6岁，发展危机是进取与内疚。如果孩子受到过多指责和讥笑，就会因挫败而感到无能和内疚；如果孩子得到恰当的鼓励和支持，就会感到自由和自信。
>
> 　　第四阶段：6岁到发育期，发展危机是能力与自卑。
>
> 　　如果成功解决了前三个阶段的危机，就为第四阶段的发展做好了准备，孩子会觉得自己很有能力。否则，孩子往往不敢尝试新事物，或因挫败产生自卑感。

第2节　"控制"扼杀了幸福

　　这几天阅读武志红《感谢自己的不完美》一书，对我触动很大。

　　我在前几天日记中也提到："控制欲望强的父母，希望孩子最好乖乖地听话。然而，越控制，后果越严重。最终，孩子或因顺服而失去个人意志，或因叛逆而成为问题儿童。"

就拿我来说吧，读高中以前，我绝对是个听话的乖孩子，从来就是父母怎么说我怎么做。虽然我是农民的儿子，但父母从来不让我干农活，他们只要我一门心思把书读好。我也没有令他们失望，至今我还清晰记得：那天，小学毕业的暑期，写完了作业，我正在宋坂乡卫生院宿舍门口的一条竹椅上靠坐着，百般无聊。母亲突然兴冲冲地冲到我身边，猛地俯下身子，重重地亲了下我额头，说："儿子呀，你升学考试全县第三名呢！"这是我有记忆以来母亲第一次亲我。那一刹那，我的脑子有些空白，不知是为母亲的爱而感动，还是为好成绩的取得而解脱。也许，在我看来，我一直都是为了父母而努力读书的。

然而，到了高中以后，我发现自己除了会读书，什么也不会，不会唱歌、不会踢球、不会打游戏、没有任何兴趣爱好。每个人在成长过程中，都会对生命的意义进行探索和思考。从存在主义的观点来看，为什么有些人活得特别有精神，有些人活得没意思，这可以用两个字来解释，这两个字就是"存在"。什么叫存在，就是我选择，我活过，我按照自己的意志为自己的生活作选择，这就叫存在。哪怕你遭遇过很多挫折，但如果都是你选择的，你就会有存在感，你就会有精神。然而，如果一路走来从来都是父母的安排，从来没有或不能自己去选择，那么，你并不会觉得幸福。当我发现自己的人生全是由父母一手安排后，我越来越觉得自己过得不幸福、活得没意思。于是，我叛逆成为一个整天玩游戏、看录像的"坏孩子"，以致父亲差点要和我断绝父子关系。

直到大学毕业那一刻，我才找回豪情壮志、满腔热血的感觉，以为自己终于自由了，可以自己选择了，于是背起行囊，准备浪迹天涯，还给自己取了个笔名"流浪马"……然而，最终父母还是把我拉回到现实中。

而今，对于自己童年缺失的快乐、缺失的放纵，仍然怀着深深的遗憾和委屈。

心理学上讲轮回，就是小时候受过的苦，长大了又受一遍，一遍不够，还要受许多遍，这个轮回就是命运。那些常打孩子的父母，他们小时候也是在挨打中长大的；那些安全感缺失的夫妻往往用威胁的语言或过激的行为来控制另一方，因为他们小时候没有从父母那里获得足够的爱。这些都是轮回，怎么才能斩断呢？唯一的方法就是从自己开始，改变自己。

具体到亲子关系上，一是多倾听，多给孩子一些选择权；二是多反省，不把自己的控制欲施加到孩子身上，努力带给孩子快乐感、幸福感；具体到伴侣关系上，就是要给予对方充分信任和尊重，把握好彼此间的距离。

（写于2016年1月11日）

【亲子实务】如何提高合作意识？

遇到孩子犯错误、发脾气、不听话时，有的家长耐着性子讲道理，有的家长火冒三丈抡棍棒，有的家长一味迁就失原则。无论是简单粗暴的管教，还是放任自流的养育，都会妨碍孩子健康成长。孩子首先要学会和父母合作，将来踏入社会才能更好地与他人合作。

1. 把孩子当成合作伙伴。如果孩子是你工作中的合作伙伴，你会命令他做这做那吗？你会一遍又一遍地唠叨吗？你会毫无礼貌地提要求吗？你不会！你会用请求替代命令、唠叨、要求，你会加上"请……""……好吗"等礼貌用语，不妨也这样对孩子说话。语言措辞和态度上的小小改变，沟通效果迥然不同。

2. 合作中定规则求谅解。允许孩子反抗，认真倾听他的意愿，了解他的感受，营造友好的合作氛围。就像生意合作前的谈判，求同存异，才能达成合作意向。协议达成合作的规则，告知违约后果，让孩子明确合作的利弊。引导孩子合作的最佳方式是奖励，而不是惩罚，因此，要用正面激励来促使孩子达成合作。

第3节 买菜记

有适合孩子做的家务一定要舍得让孩子做,家长不要因为孩子做得不够好而去"越俎代庖",重要的是让孩子更多地参与到家庭生活,在一点一滴的小事中建立责任感。

未成家时,我从未去菜市场买过菜,只在10岁时陪老爸卖过胡萝卜。成家后,学会了炒菜,于是常常被派往菜市场买菜。可是,回到家后,妻子就开始抱怨我买回来的肉不新鲜、鱼是死鱼、青菜是反季节的……于是,买菜的积极性就这样被扼杀,我觉得自己可能是"生活白痴",从此之后妻子再也叫不动我去买菜了。

幸运的是,她还有个好帮手。每次周末买菜时,她便把儿子带在身边,耳濡目染,儿子终于能替她买菜了。

星期六,下雨天,妻子不想外出,便让儿子帮她买菜。儿子带着我,我带着钱包,便往大关东苑菜市场赶去。我们先来到肉铺,这是定点的一家,摊主热情地招呼儿子(今天老板娘不在,否则一定是先叫出儿子的小名),然后问他想吃点什么肉。儿子用手一指,说:"来一点里脊肉,多少钱一斤?"摊主用刀划了一块,"20元一斤,这些够了吗?""够了够了。""7块7"儿子转身吩咐我"付钱。"这是儿子买菜的三部曲:一问价;二挑菜;三吩咐。

随后,我们又来到青菜定点那家,老板娘笑眯眯道:"桐桐,今天又是你买菜呀?""是呀!我妈腰不太舒服,走不动。"随后,儿子麻利地挑了三样青菜:两根丝瓜、五根茄子、半个南瓜。

往回走时,被另一家老板娘叫住了:"到我这里买点菜呗"。这位老板娘明显知道是儿子当家，软言软语，自卖自夸，善良的儿子不忍拒绝，于是买了两个土豆。

准备往回走时，儿子数了数我拎着的菜袋子，见只有五种菜，便拉着我往回走，说："再买几个菜，明天早上就不用出来了。"我们又来到先前那家，儿子问："有没有包心菜？""有的。这玉米要不要呀？""甜的还是糯的？""都有，你喜欢哪种？""那就来两根糯玉米吧？""两根不够吃吧？你们三个人呀，就拿三根吧？""够了，我和爸爸一人半根。"老板娘笑眯眯对我说："你儿子咋这么会当家？"儿子继续挑了三个西红柿。旁边一位买菜的阿姨非常好奇，老板娘便解释道："他和老爸出来买菜，老爸一句话不说的，都是他挑的菜，很有主见的。菜买得蛮好的，像这西红柿，虽然他不知道什么样的好，但会挑着看有没有烂斑的。"

不出半小时，我们就从菜市场出来了，满载而归。

（写于 2016 年 7 月 16 日）

【亲子实务】如何提高社交能力？

孩子终归是要踏入社会独自生存和发展的，我们现在所做的一切努力，就是为了在他自由飞翔时翅膀能更坚韧有力。假如有个孩子害怕坐车，他的母亲就再也没有带孩子离开过这座城市，因为一出门就难免要坐车。这个不出门的孩子，将来如何在社会上立足呢？父母的责任任重而道远。

1. 启发思考。鼓励孩子提问，这是鼓励孩子独立思考的第一步，提问的过程就是广泛思考的过程。教会孩子如何思考，让孩子思考自己在做什么及为什么，而不是直接给出答案。比如："你想一想，你和同学打架之后，他们可能会说什么或做什么？可能会出现什么后果？"

2. 生活实践。 真实的生活是孩子学习社会交往的最好方式，比如在家中如何招待客人、如何和客人聊天。多为孩子提供参与社会活动的机会，比如能带孩子的场合尽量带着孩子，周末去菜市场买菜，节假日带孩子走亲访友，参加一些公益活动，鼓励和同龄人交友、游戏、出游。

3. 无话不谈。 每天在我们身边发生的事情，都是和孩子聊天的话题，也是引导孩子了解社会的好时机。我们可以对新闻按照"三部曲"来谈论：提出问题（现象或背景）、分析问题（本质或原因）、解决问题（对策或建议）。用这种辩证法分析新闻，既能促进孩子视野的拓宽和延伸，又能促进孩子思维的拓展和飞跃。

拓展知识　班杜拉的社会学习理论

心理学家阿尔伯特·班杜拉提出社会学习理论，认为人们通过观察彼此的行为来学习新反应，获取所处社会环境的信息，观察什么样的行为是有效的，什么样的行为是无效的，而无须亲自尝试。在班杜拉看来，人格是习得的行为模式的集合。班杜拉理论为父母的言传身教、体验式教育提供了理论支持。

第4节　煎烙饼之心理战术

清晨，一阵闹铃声惊醒梦中人。房间门被儿子打开，他一骨碌钻进我们的被窝，捏着我的鼻子说："老爸，起床做早饭去了！"

"早饭有两个选择：要么我去蒸刀切馒头，要么你去做香葱烙饼？"

"可是我不会做呀！"

"很简单的，包装上有说明书的，和你上次做方便面一样简单。"（鼓励）

"我还是吃馒头好了。"（出现畏难情绪）

这时妻子说："今天我们早点吃，做好作业就去看电影《疯狂动物城》吧？"（奖励）

儿子拍着手道："好耶，那我去做烙饼。"

我们躺在床上，任凭儿子在厨房里忙开了，一会儿听到了厨房里油烟机、电磁炉工作的声音，再一会儿闻到了飘进卧室的一阵香味，紧接着又闻到了一阵焦味，然后听见儿子说：我的烙饼做失败了。

儿子情绪低落地端着盛烙饼的盘子，来到我们床前。（出现沮丧情绪）

一看，原来是煎焦了，整个烙饼变成黑色。我们笑着说："是火力太猛的原因，没关系，还有4个烙饼呢，你再煎的时候把电磁炉瓦数调低试试，比如120瓦。"（鼓励，并引导）

儿了端着盘子离开，把黑烙饼倒进了垃圾筒，开始煎第二个烙饼。只听电磁炉不断地发出滴滴声，估计是儿子在调节瓦数。一般来说，当我们没有足够的信心做一件事时，是不希望有其他人在场观看的，那样会带来很大的压力。所以，我和妻子故意不起床，等到儿子大声对我们说他开始煎第三个时，我们知道这次没有煎焦。于是，我问道："我能来给烙饼拍个照吗？"

"可以，过来呀！"儿子的允许说明他做烙饼的信心已经有了。

等到儿子将剩下的4个烙饼全部煎好，我感叹道："通过你做烙饼这件事，我终于明白了一句话：失败是成功之母。"（适当表扬提高自信心）

"对呀，今天失败这位母亲生了4个成功儿子。"（从其风趣语言说明已走出受挫并建立了自信）

孩子在学习、游戏、动手的过程中，一旦受挫，常会出现畏难、沮丧等情绪，这时特别渴望得到家长的理解、帮助、支持、鼓励，唯一不需要的是批评。

（写于 2016 年 3 月 19 日）

【亲子实务】如何提高抗打击能力？

孩子成长过程中遭遇挫折是不可避免的。抗打击能力低，可能是自身因素，如好面子、太娇气、很内向；也可能是外界因素，如过度溺爱、常被体罚、遭受嘲笑。要提高抗打击能力，需要家长在每一天里润物细无声地滋养孩子的心灵。

1. 正面评价。 尊重和理解孩子，客观真实地评价孩子，给予他正面的鼓励、激励和引导。看到孩子的进步，及时而真心地表扬，不要满不在乎，或仍不满意；孩子遇到失败时，面带微笑，态度平和，告诉孩子只要努力了父母就满意，能找到失败的原因就是进步。不断引导孩子认识自己的长处，鼓励孩子补上短板。关注孩子的情绪变化，当孩子消极时要与其谈心，讲述一些名人在挫折中成长并获得成功的事例。

2. 自我评价。 孩子对挫折正确的认知和理解是挫折教育的关键，父母要帮助孩子建立起正确的自我认识和自我评价体系。有意识地强化孩子的自我肯定，一个简便方法就是改变表扬的主语，把"我"对你的表扬改成"你"对自己的表扬，如："你能煎烙饼了，我真为你感到自豪！"改为"你能煎烙饼了，你一定为自己感到自豪！"

第5节 多给身边人一声赞美

今天和滴水公益的朋友聊天时,她赞扬我在亲子教育方面有研究,甚至建议在社区开展公益活动时去帮忙讲课。我当即表示自己能力不够,正在努力学习当中。

不得不说,朋友的赞扬给了我很大的自信心,我也希望通过不断学习,让自己得到成长。原来,赞美对方能帮助对方提高自信心。亲子教育中有个理念,就是要多赞扬、鼓励孩子,多竖大拇指,这些是一种任何手段都代替不了的强大的精神力量。孩子需要鼓励,就像植物需要水。在我看来,何止是孩子,我们身边的朋友、同事、爱人其实都希望得到赞美。

演讲大师韦恩·戴尔讲过一个故事:南非有一个名叫巴本巴的部落,当部落里某个人被指控做错了什么时,整个部落的人都会停下手上的工作,对这个人进行审讯,轮流讲述这个人过去的行为。不过,他们不是攻击他的过去,不是盯着被指控的恶行,而是只讲述他曾经的善行。举证会一连进行好几天,直到每个人都发过言。在仪式结束后,这个人会重新回到部落中,受到大家的欢迎,享受大家为他举行的欢迎仪式。

我能想象,这种审讯仪式对被控告人的影响一定是正面的。这种审讯没有强化罪恶感,相反,他们是赞美被控告人的善行,唤起他的善心。

如果我们每一个人,在生活中都这样对待别人,有意寻找对方好的行为,而不是仅仅纠缠在对方的错误上,那么,世界该是多么的美好!

比方说,夫妻有矛盾、有争执时,能够和巴本巴部落一样,不去攻击对方的过去,而是讲述对方曾经的善良体贴,如此,夫妻才能长相厮守。

找寻他人的善，我们更会留意自身的善。赞美他人，也是鼓励我们自己。

（写于 2015 年 6 月 5 日）

【亲子实务】如何提高自信心？

没有人天生就是害羞或自卑的，不自信的心理都是在后天的经历中逐步形成的。父母不当教养方式、对待孩子的错误态度、有意或无意的贬低行为，都是孩子不自信的重要诱因。

1. 不过高期望。父母过高的要求会给孩子带来很大压力，长此以往，会让孩子产生自卑感。要基于孩子的实际情况，适当降低要求，让孩子在不断的小进步中逐渐提高自信心。

2. 还给孩子选择权利。把选择的权利还给孩子，允许他做出自己的选择和决定，允许他去探索和尝试，允许孩子失败并承担选择的结果。赋予孩子一定责任，胜过给孩子提要求。

3. 多鼓励赞美。善于发现孩子身上的闪光点，利用每个机会强调他积极的一面，避免使用贬低性的言辞。提供施展的平台，不断地给予孩子鼓励和赞美。要向孩子传达这样的信息：接纳自己，喜欢自己，勇敢做自己。

第 4 章　言传身教

父母做错什么事、说错什么话、乱发什么脾气……闯红灯、说谎话、恶行恶状……，小孩子都看在眼里、记在心里。他不会讲，也不会马上学着做。可是，日后面临某些双趋冲突无法抉择时，他就会告诉自己："爸妈能那么做，我为什么不能！"所以养儿育女最大的附加价值也就此显现——提供给父母亲一次重新成长的机会。为了孩子，父母亲要时时鞭策自己，除一切恶根、去一切恶言、灭一切恶行。孩子视父母为手持天秤的正义天使，倘若父母为恶而子女习以为常，人性之善将不复存于家庭之中。

第 1 节　你的习惯影响着孩子

晚上，一家人逛大关夜市，花了189元在康奈皮鞋店挑了双促销皮鞋。已经有多年没买过皮鞋了，我对穿戴向来是不太讲究的，爱人说我太过节俭，都影响到她的消费观了。

分析自己的消费观，确实存在两个极端，一个生活上不讲究，另一个是在自己喜欢的东西上无节制。高中时，宁愿吃得差些，用省下的钱买来大量的武侠书；大学时，被信息小报的小广告骗着买了一大堆"高科技"产品；刚参加工作，就贷款买来高级电脑……为什么会有这样的消费观呢？是正常还是畸形？

我生在农村、长在农村，父母的勤劳、节俭必然深深影响着我。一幕幕场景在脑中浮现，起先是 10 多岁时，有次父亲带着我去卖自家种的胡萝卜，看着父亲在市场里叫卖，当时的我觉得钱来得真是不易。之后场景又拉近到我 18 岁那年，父母亲送我去上大学，在拥挤不堪的绿皮火车里待了七八个小时后，到杭州时已是深夜，拖着大行李箱四处找住宿，总算找到一家 20 元一晚的客栈，因结婚证没带，母亲被要求住另外的房间。从未出过远门的母亲非常害怕，好说歹说，总算换到同一个房间了，而这时都快凌晨了，第二天还得赶车去另一个城市。当时的我觉得自己太穷了，并发誓下次到杭州来一定要让父母亲住好宾馆。许多信念，都是小时候耳濡目染，还有因为一些特定的事件发生而形成的。而有些旧的信念，就像旧衣服一样，过时了、破旧了，这时就要用更有利的、新的信念来取代它们。

我们的为人处世、行为模式、信念秉性，也必将如种子一样，在孩子幼小的心灵深处扎下根，深深地影响他们。

（写于 2015 年 4 月 24 日）

【亲子实务】如何养成艰苦朴素的习惯？

现在的物质条件好了，艰苦朴素的观念似乎也变得模糊起来，有家长会问：现在的孩子还需要艰苦朴素吗？也有家长为孩子一味攀比而苦恼，却没有更好的方法而改变他。

1. 以身作则。孩子总是在尽力模仿着父母的行为举止、思维方式、脾气性格。父母要时时检讨自己的不足，约束自己的行为，在孩子面前展现出一个良好的形象，不能让孩子感觉父母在"说一套做一套"。

2. 正确指导。对于孩子的物质要求，不能过于缺失，也不能百依百顺，多用精神奖励，少用物质奖励；对于公私财物，要一视同仁，提倡勤俭；对于金钱管理，准备个存钱罐，适当给零用钱，帮助孩子养成存钱的习惯，合理使用金钱。

3. 自找苦吃。艰苦朴素并非吃糠咽菜，而是为了理想能通过艰苦的抗争去实现目标，是一种奋斗精神。时时向孩子灌输这样的理念，告诉孩子任何成就的取得都要付出努力，包括学习。适当地"自找苦吃"，可以带到艰苦山区、军训夏令营体验。

第 2 节　勤劳是可以"遗传"的

今早，因为儿子没有按我的要求把垃圾袋扔掉，我便责怪了他，其间提到要向勤劳的爷爷学习。勤劳其实也是可以遗传的，因为言传身教的影响是非常巨大的。

父亲从部队转业后，到了乡镇卫生院当药剂师，直到退休。卫生院有个大院子，大院子里有间宿舍便是我的家，我就是在这个大院里长大的。在我童年的记忆里，父亲永远是天不亮就起床，给我们做早饭，做完家里的活，他还要把大院的角角落落打扫一遍又一遍，直到看不到一片落叶。下了班，父亲还要骑车10多里路回到农村老家干活,打理农田、菜园,还有那荒山上的橘树。我心目中的父亲就是个老黄牛的形象,从未见他停歇过……年复一年日复一日,父亲不仅成为我眼中最勤劳的人,也成为同事及整个镇上人们眼中最勤劳的人。父亲的勤劳影响了我,给"种瓜得瓜、种豆得豆"的道理作了最好的诠释。

退休前几年,因为长年肩挑背扛,父亲落下了腰痛的毛病。当父亲在家休息的时候,那一定是他的腰痛又犯了。然而,稍一好转,他就又去干活了。父亲说,这手一停下来,就会觉得难受。母亲将我们兄弟俩联合起来,一起劝他放弃种田、种橘树。然而,要他放弃是多么的不容易。那些荒山上种植的橘树陪着他有几十年了,橘子产量最多时达到上万斤,是他用肩膀一箩筐一箩筐地从高山上挑下来的,即使草木也都有了感情了呀!我们兄弟俩只好晓之以理地劝说:"上万斤的橘子按照市场价三四毛算,也就三四千元,除去农药费、人工费,所剩无几了呀,还不如多休息把身体养好!"总算让父亲把田地都送给了他的兄弟种植。

退休后,父亲仍旧闲不住,仍旧辛勤耕作,将屋后别人家废弃的一片荒地开垦成了菜园。勤劳乃立身之本,这方面,父亲堪当勤劳的楷模。去年国庆节回家,我带着儿子去父亲的菜园现场体验,希望父亲的勤劳能够一代代"遗传"下去。

(写于 2015 年 3 月 26 日)

【亲子实务】如何养成刻苦勤奋的习惯?

"刻苦勤奋"包含两层含义,一是有主观目标;二是有达成目标的意志。心理学对"意志"的定义是：有意识地确立目的，调节和支配行动，并通过克服困难和挫折，实现预定目的的心理过程。

1. 训练习惯。小学阶段是养成行为习惯、学习习惯的重要阶段。一个习惯的养成只需坚持 21 天。要重视抓第一次，对孩子第一次做的事、提的要求，要明确不含糊，具体不抽象。孩子做得好，要表扬鼓励，天天坚持、样样落实，这个良好的习惯就形成了。

2. 时间管理。对孩子来说，时间是比较抽象的，若不加指导，孩子自己很难做好时间管理。家长要从具体的时间安排抓起，和孩子共同制订时间表，达成具体的任务。如果完成不了，必要时候可以适当进行惩戒（不是体罚），让孩子知道承担责任。

3. 不断激励。大部分孩子都是只有 3 分钟的热度，关键在于家长的不断激励，才能让孩子始终保持热度。刻苦勤奋的背后，必须有一双手在推动着他，那就是父母的不断鼓励、表扬和欣赏，千万不能用埋怨、指责、打骂来加深他的痛苦。

第 3 节　寻找我的热情

影响人们最早、最深的就是家庭教育，潜移默化地伴随着人的成长，在人的一生中起着奠基石的作用。亲子教育中有个说法，你想让孩子变成怎样的人，首先得把自己变成那样！

昨晚遇到一个老乡，如果说以人为镜，那么，从他这面镜子里，我看到的是自己的不热情。

有次我被邀请到他家吃饭，他热情地劝酒夹菜，还非要亲自给我盛饭。那份热情中，我感受到的是他发自内心的真诚，便不好意思推辞，结果吃到几乎站不起来，摸着圆滚滚的肚皮，我笑着打趣说下次不敢来吃了！还有一次，开车顺道从常山接他妈妈到杭州，他妈妈非要塞给我许多土鸡蛋，我怎么也推辞不掉。这时，我终于发现，原来老乡的热情是家传的，父母的榜样力量真是非常强大。

而我，却做不到将自己的热情展现出来，给人的感觉是比较冷淡。有次开车和东华兄一起回杭州，他家住丁桥，经过我家小区，本打算把他送到家的，他说不用麻烦了，下车坐公交回家也很方便的，于是我便没有坚持。后来，爱人批评我不够热情。的确，在待人接物方面，我做得不好。虽然我内心有这份热情，却不善于表达出来，说得好听点，这叫外冷内热。

外冷内热的性格特点，源于从小养成的内向性格。高中时和后排女生3年未说过话的往事，至今仍然历历在目，其实当时内心还是很想和她聊聊天的，只因她的美丽令我因害羞望而却步。读大学后，和外界的接触渐渐多了，开放的环境开始影响并改变着我，于是我开始努力弥补性格上的缺陷。每次坐火车往返时，最初我不敢和旁边的女孩子搭讪，内心经过无数次的斗争后，终于能够突破自我，敢于和女孩子聊天了。

可见，性格并非天生，而是受成长环境的影响，可以通过改变环境来改变性格。有些环境，是自己努力创造的，也有些环境，是被动改变的，但重要的是，要能够认识自己，随环境的变化而主动改变。

参加工作后，朋友渐渐多起来，性格开始外向起来，但和陌生人在一起还是有些拘束，不太多说话。一同参加工作的志宏兄，说我是慢热型，和熟悉的人在一起还是挺能侃的。于是，当我面对陌生时，我试着把他们当成熟悉的人，之前那种自己把自己隔离起来的篱笆便不再有了。改变最快的是那几年给县领导当秘书,平台高了,视野自然开阔了,犹如一个爬到半山腰的人,再俯瞰山脚时,之前所谓的问题便不再是问题;平台高了,自信心也强大了,犹如内在小孩挣脱捆绑在他身上的一圈又一圈的绳索,慢慢地有了更多的自由。

(写于 2015 年 7 月 9 日)

【亲子实务】如何养成热情开朗的性格?

很多人总把性格内向当作缺陷,以为性格外向的人才具有热情开朗的品格。事实上,它们之间没有必然联系。每种性格都有其优势和缺点,每种性格都可以获得成功。家长要发挥孩子性格特征的优势,克服性格劣势带来的影响。

1. 树立榜样。家庭关系融洽、夫妻感情真挚、教育方式民主有助于孩子热情开朗品格的培养。父母的行为会在孩子心灵种下种子并生根发芽。可以在家里来客人的时候,给孩子示范,让孩子理解文明、礼貌、热情的含义,在耳濡目染的环境中逐步养成礼貌待人的习惯,锻炼交际能力。

2. 学习宽容。当孩子与小伙伴之间产生矛盾时,正是学习宽容的最佳时机。父母要抱着宽容的心态,耐心询问事情经过,让孩子换位思考,告诉孩子小伙伴间应友好相处,试着理解和体谅他人,肯定孩子宽容他人是勇敢者的行为。

3. 体验快乐。热情开朗的养成与孩子的处事方式有紧密的联系,遇事多征求孩子意见,多与孩子沟通,不过多包揽,让孩子在独立生活的体验中享受生活的乐趣。快乐的体验有助于培养孩子大方开朗的个性,给内向的孩子多创造社交机会。

第 4 节　培养运动习惯

今天去学校参加了家长会，主题是"培养运动好习惯，赢得健康好体魄"，可见学校对体育的重视，老师说运动能力好自然会促进孩子专注度的提高，这也反映了学校对素质教育的重视。

就如何培养运动习惯，家长们开展了热烈的讨论。有经验的家长说：一要找到孩子兴趣点，二要掌握运动技能；三要家长陪同运动。我也分享了自己的体会，即改变从自己开始。我比较喜静，喜欢看看书，儿子也和我一样，一有空就是拿着本书看。可现在是他长身体的阶段，必须加强运动。于是，我先从改变自己开始，逼着自己爱上运动，于是开始在每个周末带着儿子一起去爬山、骑行、旅游等。

儿子的班主任和我们分享了发生在班里的 4 个小故事，从小故事中发现孩子们的优缺点。第 1 个故事是：每周一晨会学校要求学生戴红领巾，有的学生会忘记带，便向老师借。有一个同学在归还红领巾时，将它叠得整整齐齐，之后，借红领巾的同学在归还时，都会将红领巾叠得非常整齐，老师说这是榜样的力量。第 2 个故事是：班级里负责义务岗的同学，每一样事情都做得很认真仔细，老师说这种责任心将使孩子终身受益。第 3 个故事是：有位女同学逢人遇事说出的话语都是正面的、善良的，老师说大家都喜欢这位高情商的小姑娘。第 4 个故事是：在写一篇以帮爸妈做事为题材的作文时，有位同学说实在写不出，因为从未帮爸妈做过任何事，老师说家长要多给孩子提供参与生活的机会。

我被四个小故事触动了，这是亲子教育的真实反映，有的家长做得很好，也有的家长仍需努力。我也为老师们在教学中如此的用心、如此有爱心而感动。

教育的一半在学校,一半在家庭,而爱是贯穿的主线,用爱心去浇灌,小树必能成长为参天大树。

（写于 2015 年 5 月 21 日）

【亲子实务】如何养成热爱运动的习惯？

运动能使孩子更敏锐、灵活、协调,增强骨骼和肌肉的韧性,同时培养孩子坚强的意志品质。从小让孩子爱上运动,养成坚持锻炼的好习惯,是身体健康和学习进步的保障,更是一生健康幸福的万能钥匙。

1. 制订计划。父母要掌握相关的体育锻炼知识和意义,比如打篮球增加灵敏度、弹跳力和合作意识,利于身体长高。平时要注意观察孩子的身体特点,多给孩子运动的机会,如果发现孩子对某方面运动特别有兴趣,应当尽力培养。根据孩子的身体特点、承受能力和兴趣爱好,找到最适合孩子的锻炼项目,制订有个性、具体的、可行的锻炼计划,监督孩子锻炼。

2. 做好示范。要让孩子爱上运动,首先家长要参与运动,亲身示范,最好保证每天 1 个小时的锻炼时间。尽量与孩子一起运动,这样不但能随时对孩子的锻炼进行指导,在孩子需要时鼓励其坚持下去,而且也是与孩子增进感情的难得机会。经常带孩子进行户外运动,亲近大自然,如远足、登山等。

3. 培养兴趣。兴趣是最好的老师。有运动爱好,孩子才会乐此不疲。引导孩子欣赏一些体育节目,涉猎一些体育知识,让他懂得体育运动对身心的益处。随着孩子年龄的增长,可以体验不同的运动项目,但长时间的、高强度的运动不宜过多,应把锻炼的重点放在增强灵活性、协调性的运动项目上,如游泳、乒乓球等。

第 5 节　坚持就是最大的成就

昨天和老同事见面，一聊便聚焦到孩子的话题上，我们都是比较理智的家长，并且两个男孩也不是要强的孩子。比如周末作业要写一篇 200 字的作文，儿子是写一会儿数一会儿字数，便问他这是干嘛，他说怕作文写得太多超过 200 字。而他班上的女同学，写作文往往是洋洋洒洒，主动意识很强。或许，这也算是男女差异吧！

同事说，他儿子也想学笛子。回到家后，我便和儿子说起了这件事，问他学了 4 年的笛子有什么成就？儿子顺口答道：坚持就是最大的成就。好有哲理的一句话！仔细一想，的确如此。教笛子的王老师说，他自从小开始练笛子，到如今 70 多岁，几十年来可以说是笛不离手。一辈子的坚持，难能可贵！

有多少人、多少事能坚持一辈子呢？就拿我自己来说吧，当我对一件事感兴趣时，开始是满腔热情地坚持，过不久又找个理由放弃了。去年冬天计划每天健步走万步，结果只坚持到夏日来临。读高中时，我便认定自己是"晚上想想千条路，早上起来走原路"的人，着实苦恼。没有非凡的毅力，何来一生坚守？

笛子技艺的进步是缓慢的，靠的是日积月累，一星期不练习便快速退步。儿子练笛子能坚持 4 年，除了学校有要求外，离不开妻子的陪伴和监督。这份坚持，与其说是儿子的坚持，倒不如说是家长的坚持。教育成果，不就是和笛子技艺一样，并非一时半刻或三年五载就能成功的，并非奔波于学而思或新东方就能见效的。教育，离不开的其实是家长的用心陪伴和共同成长。

坚持，本身就是最大的成就。

（写于 2016 年 11 月 19 日）

【亲子实务】如何养成坚持不懈的习惯？

坚持不懈，包含两层意思：一是无论遇到什么困难都十分坚定，不动摇、不退缩；二是能长期坚持下去，不怕困难。坚持不懈是一种良好的心理品质，是在教育和实践过程中逐渐锻炼和培养形成的。

1. 树立目标意识。 根据孩子的年龄特点，帮助选定目标、制订计划，并按照计划去努力完成。短期目标要具体明确，让孩子明白只要努力就能达到。长期目标要有具体榜样，容易理解接受。孩子心中有目标，就有动力。

2. 激励孩子的每次进步。 让孩子独自完成一件具有一定难度、但经过努力可以做到的事。当孩子克服了某一困难，要给予鼓励和表扬。要用孩子以往克服困难的事例，激励他继续努力勇往直前。

3. 做事善始善终。 从小事进行经常性磨炼，认真做好每件事，如洗碗后要擦桌子、把椅子归位。坚持学一门乐器或一项运动，家长要参与并监督，让孩子懂得从不会到熟练要付出什么样的辛苦，要忍受什么样的枯燥，要如何管理自己的情绪。

第6节　一半的教育在家庭

几个朋友在一起聊天，共同相通的身份都是家长，于是教育成了主题。从最近拱墅区小学试点推迟到校时间聊到今年的新高考，再聊到民办学校受热捧，有争议、有认同、有无奈、有期盼，最后焦点又回到孩子的教育上。毫无疑问，我们都是一群重视家庭教育的家长。

于是，我们注意到一个有趣的现象：热门公办小学往往集中在高校周边，而高校教师是重视家庭教育的群体。比如求是小学、文三街小学周边有浙江大学；文一街小学周边有杭州电子科技大学、浙江工商大学……更有意思的是，朝晖某小学以前属热门学校，该小学家长很多是浙江工业大学的教师，但后来浙江工业大学扩校将主校区搬迁后，教师便不再把子女往这个小学送了，现在该小学也不再热门了。那么，我们是否可以认为：好的家庭教育造就好的生源，好的生源造就好的学校。

再来看现在越来越热的民办中小学。2013年实施阳光招生后，择校已越来越难，越来越多的家长选择让孩子读民办中小学。毫无疑问，这些家长都是重视家庭教育的家长。杭州每年4月举办的民办小学招生日，成为小学新生家长的赶考日。尤其是民办初中，每年吸引了全省大批量的优秀学生择校考试。有人提出疑问：民办小学选择好的生源无可厚非，但一个六七岁的孩子，怎么就能断定他就是好的生源呢？一位民办小学校长是这样回答的：这个孩子从跨进校园起，我就能看出他以后会不会好好读书。这说法或许夸张了，但从孩子的气质的确能看到家庭教育在他（她）身上留下的影子。这样来看，好的生源无非是早期受过良好的家庭教育。

从上述事实，虽然无法得出"是学生成就了学校，而非学校成就了学生"的结论，但告诫我们，无论在什么样的学校就读，家长们必须一如既往地重视家庭教育，用自己的一言一行让孩子受到良好的家庭教育。"过什么生活便是受什么教育"，这是陶行知生活教育理论的一条基本原理，在家庭中，生活无小事，事事是教育。

（写于2017年9月4日）

【亲子实务】如何养成诚实守信的习惯?

家庭教育的核心思想在于父母的言行一致、以身作则。诚实,是人格的第一奠基石。诚实的孩子大多能够开心地坦然地生活,问心无愧地面对他人、社会、人生。反之,不诚实的孩子总承担着较大的心理负担。

1. 明确界限。在教育中,必须给孩子画出明确的界限,一旦逾越必须立即严厉制止。如未经允许不能随便拿别人东西,借了人家的东西要及时归还,有了错要勇于承认……这些规则一旦制订就要严格执行,不能朝令夕改,尤其要重视出现"第一次"的问题。

2. 及时纠正。当发现孩子有不诚实的言行时,要耐心、细致、冷静地听听孩子的解释,分析原因,对症下药,切不可急躁、粗暴,甚至施加暴力,大骂、体罚孩子,那样只会造成孩子为躲避责罚打骂而再次说谎。

3. 身体力行。不轻易许诺,答应孩子的事就要做到,实在做不到也应该解释清楚,取得孩子的谅解。身体力行,与孩子探讨交流的方式,让孩子明白诚实的真正含义,明白人为什么要诚实,以及做人不诚实会产生的后果,引导孩子诚实守信。

第 5 章　社交教育

我个人认为整个小学不是为了获取知识，只是为了让孩子喜欢学习、习惯学校环境，以及增进在同龄群体中的相处能力。如果孩子在学习中得不到快乐，那么学习的动力会变得很弱。从心理发展来看，小学的任务有三：一是让孩子喜欢学校，通过快乐的学校生活来喜欢学习这件事；二是促进孩子社会化，与同龄孩子交往，建立友情，适应群体规则、秩序，懂得责任与义务，爱护他人等；三是培养孩子自理、自立与动手能力。

第 1 节　给孩子找玩伴

今天，应朋友邀请，儿子又单独和同学一家逛西湖、爬保俶山了。通过朋友发来的微信照片，我能想象他是多么的快乐、多么的开心……

单独二胎政策放开后，不断传来身边朋友生二胎的喜讯。有了兄弟姐妹，孩子便不再孤单，有利于在婴儿期形成安全的依恋关系，在儿童期建立积极的友谊关系，促进儿童智力和社交能力的发展。然而，对于独生子女来说，"伙伴危机"随处可见。

一项在南京市 1000 多名小学生中进行的社会调查结果显示：所有的孩子都喜欢有同伴与自己一起玩耍；有 46.7% 的孩子由于缺少玩伴，经常一个人玩；平时只有 9.7% 的家长经常与孩子玩，节假日也只有 15.6% 的家长能陪孩子玩。

独生子女中出现的"伙伴危机"，将会对孩子的健康成长造成不良影响。云南省著名青少年教育专家余允珠认为："儿童的健康成长需要群体生活，需要伙伴，孤独往往会对他们的心理造成很大伤害，经常产生孤独感的孩子更容易形成不健康的心理和性格。亲和能力是情商的重要部分，如果将来孩子只会学习、工作，却不知如何与他人交往，是无法适应社会的。"

美国芭芭拉·M.纽曼和菲利普·R.纽曼教授所著的《发展心理学》指出："儿童与同伴的社会交往中至少学到了三方面的知识。首先，理解团体中其他同伴提出的观点。在通过友好地交换意见来了解他人的过程中，儿童也将更了解自己。其次，体会社会规范和团体压力。最后，学会与同性同伴保持亲密关系。"

现在不少独生子女最经常的玩伴就是父母，这也是一件好事，但还不够，因为父母不能替代同龄玩伴。教育学上有个概念叫"同伴教育"，就是同龄或年龄相差不大的孩子之间的交往和影响，既是一种游戏方式，更是一种强有力的教育力量和手段。因此，作为家长，我们要多给孩子找些玩伴，多让他有机会和玩伴一起无拘无束尽情地玩。没有玩伴，何来快乐？没有玩伴，就谈不上有童年。

（写于 2015 年 4 月 12 日）

【亲子实务】如何给孩子寻找玩伴？

心理研究表明，童年时建立的友谊，对人们成年后的健康有益处。父母要给孩子一个多彩的童年，别忘了给孩子寻找玩伴。

1. 固定玩伴。在同事、朋友、孩子同学中间，找几个年龄相仿的孩子，让他们经常一起玩，成为固定玩伴，建立起友谊。

2. 结伴拼游。一家人外出旅游，固然可以增进亲子感情，但总觉得缺少了什么。而几户人家结伴拼游，有了年龄相仿、志趣相投的小伙伴，既能相互增长见识、提高社交能力，又能观察到自家孩子暴露出的缺点和不足，以便及时纠正。

拓展知识　友谊对社会性发展的三个贡献

儿童从与同伴的社会交往中至少学到了三方面的知识：

首先，逐步脱离"以自我为中心"。心理学家皮亚杰认为，儿童参与解决同伴团体的问题和游戏的经历，使他们远离幼年时的自我中心主义，并最终具有成人思维的灵活性。其次，体会社会规范和团体压力。孩子会把老师的接受、同学的态度作为自己行为的标准。最后，学会与同性同伴保持亲密。心理学家沙利文认为，早期同性友谊非常重要，在友谊中体验到的爱和亲密感要超过成人，并构成了成人期友谊的基石。

第 2 节　邀请同学来家作客

通常，请客是件不容易的事。首先，要和主客确定好宴请时间；其次，确定哪些人作为陪客，一般来说是要和主客熟悉的人；再次，预定好宴请地方，选址要考虑方便主客，菜肴要考虑主客喜好；最后，要考虑餐后的安排，酌情准备一些活动。因此，请客也是很锻炼人的事。

两周前，儿子告诉我，周日张同学要来我们家小区附近的大关苑一小参加奥数考试，考完试后要来家里吃中饭。我们便提示他问清楚：张同学的爸爸妈妈要不要来呢？同学喜欢吃什么菜？隔天，儿子说张同学爸妈的手机号码问来了，也获知同学喜欢吃鸡和土豆。再隔天，儿子说还有个同学也想一起来，征求下你们的意见。我们说，可以呀，但如果家长们都一起来的话，我们40平方米的家里估计坐不下，那就到外面餐馆去吃。第二天儿子回来汇报，他告知另一名同学说家里太小坐不下，下次再单独邀请。之后，我们同儿子探讨了几个细节，包括餐后安排，儿子提议餐后去家旁边的水晶城木马王国游玩，就这样确定了这次请客的时间、地点、人物、菜肴、活动。

周六一大早，全家人开始打扫卫生，好似迎接环卫大检查；周日一大早，我们又去采购了土鸡、土豆、鱼等菜肴，然后由我充当大厨，由儿子再次电话联系同学。12点多钟，儿子接来了同学，但同学父母因临时有事不能前来。儿子带同学参观房间，同学说："我还是第一次见这么小的房子，之前看到的都是浅水湾那样的有顶层阳台的房子。"儿子说，"浅水湾都是成功人士住的呢，我去年的全部压岁钱都贡献给爸爸妈妈了，就是为了买新房子住。"我们不由得被这两个小孩成人化的聊天内容惊呆了。饭桌上，儿子和同学互相谦让，都要给对方夹鸡腿吃，儿子还不断地说，这个菜不错，尝尝看。儿子的待客表现也让我们感到惊讶，比我们热情多了。

总结这次宴请，儿子也收获不少，其一是对宴请的流程有了初步的概念；其二知道了会出现一些不可知的因素，比如同学的父母因故没来，在成人宴请的过程中也会经常发生客人缺席的事；其三明白了做好卫生打扫等一些细节也是尊重客人的表现。

其实，无论是邀请客人，还是作为被邀请的客人，都有学习的地方。偶尔历练历练，对孩子的成长，尤其是社会交往能力的培养很有益处。

（写于 2016 年 3 月 14 日）

【亲子实务】如何学习人际交往？

心理研究指出，童年时的人际交往情况，能预测孩子日后在人群中的适应情况。孩子如不能正常地与同龄伙伴交往，就很难获得来自伙伴的承认，被排斥的压力会极大影响孩子的心理健康。

1. 克服以自我为中心的心态。孩子在与人相处时，总是以自我为中心，表现出自我优先的行为，容易与伙伴产生矛盾。父母要让孩子试着替别人着想，换位思考；训练认真倾听别人说话，不抢话头。生活中与邻居礼尚往来、热心帮助别人、遇事主动让步。

2. 扩展交际范围。注意培养兴趣爱好，丰富业余生活，增长课外知识和生活经验，这样与人交流会有更多话题，表现得更自信。请同事、邻居家的小朋友来玩，鼓励孩子邀请小朋友到家玩或去小朋友家玩，鼓励参加生日派对等集体活动。

3. 学会处理矛盾。孩子之间发生矛盾是常有的事，是锻炼成长的机会，家长出面干涉可能会起反作用。可以通过故事及生活中的实例，教给孩子一些处理问题的技巧，或针对某件具体的事情，提出不同的假设，让孩子自己比较怎样处理这个问题更好。

拓展知识　家庭环境影响儿童的社交能力

家庭环境至少通过3种途径来影响儿童的社交能力：

首先，儿童直接模仿父母行为。其次，父母教养方式影响孩子在社交中的期望。如果孩子经常看到或遭到暴力，就会倾向于采用暴力方式解决社交矛盾。最后，父母限制孩子与同伴交往，会造成孩子缺乏与同伴交往的经验。

第3节　军旅生活体验

每个男孩骨子里都有军人情结、英雄情怀。1995年高考时，我非常希望能进入军校就读，但终因近视而遭淘汰。进入大学后，第一次体验了军训的滋味，当时正是三伏天，记忆中还有人被晒晕过去，但都抵不上穿上迷彩服的神气、扛上冲锋枪的兴奋。

工作后和当过兵的人交往，感觉他们都很率直、真诚，就如歌里唱的："咱当兵的人，就是不一样"。如今，"当兵的人"成了一个透着光荣感、充满自豪感、真正男子汉的称谓，有很多父母抱着淬铁成钢的目的把孩子送进兵营。的确，在部队一切行动听指挥，部队生活纪律严明，哪怕是叠被子、放脸盆等极小的生活细节，也要严格遵守规定。无处不在的纪律约束和高度紧张的部队生活状态，使得一个普通人迅速成长为守纪律、懂规矩、能吃苦的不一样的人。

儿子同学中有位家长就是当过兵的人，后来我们成了好朋友。有一次，我们两家人带着孩子去武警部队参观，看看军人的寝室是怎样整洁有序，怎样将被子叠成豆腐块。通过与神秘军营零距离接触，孩子们好奇、兴奋、紧张、震撼等感受皆有之。

鼓励孩子积极参加各种集体活动和有益的社会活动、公益活动，能增强孩子的集体荣誉感和合作意识，养成团结友爱、助人为乐的品质。昨天是周末，在家委会辛苦又细致的安排下，全班同学在萧山红博苑国防教育基地开展了亲子一日游。活动项目有叠军被、走梅花桩、爬轮胎墙、匍匐电网、真人CS巷战。在孩子们活动时，家长们被安排到另外一个场地进行CS巷战，教练说家长在孩子身旁容易让孩子产生依赖心理，从而影响到活动效果。后来，据负责摄影的家长说，孩子们表现都很不错。

亲子教育中，同样需要适时放手，给孩子空间，让孩子自己做主。昨天上午气温有点低，有个孩子想脱掉校服再穿上迷彩服，他妈妈或许是担心孩子受凉而不允许其脱掉，为此两人起了冲突，孩子委屈得眼泪都要流下来了。我走到儿子旁边，看着儿子自己换上了单薄的迷彩服，问道：冷吗？儿子笑着回答说：不会，于是我便走开了。我想，如果冷的话，儿子自己会找衣服穿的，如果为此起冲突，不正是不尊重孩子意愿、不愿意放手的表现吗？如果固执己见，孩子除了觉得自己无能并对此感到愤怒和无奈之外，也会学着不尊重他人。

孩子们在后来的CS巷战中，表现得团结友爱、勇敢无畏，那份乐趣无时无刻不在影响着旁观的家长们。在孩子们的欢笑声中,在忘记角色的游戏中,家长们也在成长……

(写于 2016 年 3 月 28 日)

【亲子实务】如何教不合群孩子融入集体?

由于个人性格或教养方式的不同,总有些孩子显得不那么合群,不能顺利地融入集体活动中,以致家长担心会影响社交技能的发展。不合群的孩子有自己的世界,父母的强行改变很可能会给孩子带来困扰和伤害。

1. 正确引导。首先要清楚孩子不合群原因,是缺少小伙伴?还是发脾气而受排斥……找准原因后对症下药。当孩子不合群的时候不能一味指责,或以为全是别人家孩子的不对,而是要正确分析情况,教育孩子如何做得更好。

2. 团队游戏。带孩子多参加一些团队合作的游戏,让孩子在其过程中感受团队合作的成果,感受友谊带来的欢乐。多参加一些亲子活动,孩子们在一起玩游戏,就会体验其中的快乐。孩子都是有表现欲的,多给孩子表演的机会,慢慢就会放开自己。

3. 多说多动。多和孩子交谈,引导他讲讲和朋友一起所做的事情,他对朋友的感觉,如朋友是怎样的人、喜欢做什么事情等。多带孩子外出旅游,走向社会、走向大自然,可以增长见识、陶冶性情,也可以培养兴趣、开放胸襟。多参加体育活动。

> **拓展知识　易被同伴拒绝的三种类型**
>
> 已有的研究发现了三种易被同伴拒绝的类型。第一种是攻击—拒绝型儿童，经常恃强凌弱，拒绝正常社交行为；第二种是退缩型儿童，有消极的自我概念，畏惧社交，易受嘲笑；第三种是攻击—退缩型儿童，易焦虑、自控能力差，社交有退缩行为并伴有攻击性。

第 4 节　孩子需要疯一般的玩耍

暑假来了，对于上班族来说，孩子的去处却成了大问题。这时候，教师的职业优势就凸显了，有大把的时间陪伴孩子，甚至能一起游山玩水。

这两天，爱人的学校还没放假，儿子便跟着她去上班，也有其他一些教师将孩子带到学校。于是，儿子一进入校门，便自个儿找玩伴疯玩去了。偌大的校园，比鲁迅的三味书屋大多了，足够他们四处追逐、玩耍，根本不需要家长看管。傍晚，当我提出带儿子去锻炼时，他说不用锻炼了，因为他一整天出了好几身汗。

更令我惊讶的是，晚上 8 点多钟，儿子就说困了，然后自觉地去洗漱，熄灯上床睡觉了，几分钟后就睡着了。以往，原本规定 9 点前睡觉的，他却非要磨蹭到 9 点半。

如此看来，这两天他是玩得太累了，体力消耗大。忽然明白，这样疯一般的玩耍不正是很好的体育锻炼方式吗？现在的学校对孩子的体育锻炼都很重视，比如儿子所在学校，就要求每天至少跳绳 400 个、仰卧起坐 40 个。20 世纪 80 年代，我在读小学时，学校从来没有布置过体育作业，在完成书面作业后，不正是和儿子这两天一样,到处疯一般的玩耍吗?在玩耍中,消耗了体力,锻炼了体格,增进了友谊,提高了胆量。

小时候,我最疯的一次玩耍也是在暑假里,我和玩伴三人沿着田地钓青蛙,一路走一路钓,不知不觉走了七八里,从天马镇程村走到了青石镇水南村。刚好玩伴的舅舅就在水南村,于是我们打算去他家吃饭,途中看到河里有条船,我们恶作剧地将石头扔到那船上,然后转身就跑,也不知有没有砸伤船夫。待我们走到他舅舅家时,才知道我们的父母如热锅上的蚂蚁,正焦急地通过村广播四处寻找我们的下落呢!然而,这次经历却让我们为之自豪,突然发现自己的胆量是如此之大,我们对原有的自我设限有了新的认识。

人们往往会给自己人为设限,从而影响了自我成长。而家长,往往会给孩子人为设限,同样限制了他的成长。很多家长,心里总是对孩子一百个不放心,于是为他操心、替他做主,可往往做得越多、错得越多。事实上,孩子是个独立的人,家长要做的,就是多给他创造一些诸如疯一般玩耍的机会,而家长只需要作为旁观者即可,默默地为他的成长鼓掌。

(写于 2015 年 6 月 30 日)

【亲子实务】如何引导孩子处理矛盾?

孩子和伙伴玩闹中,难免发生各种矛盾,甚至打架,这是成长中必然会遇到的问题。关键在于家长如何引导孩子正确处理伙伴间的摩擦,如何引导孩子消除矛盾,与伙伴正常交往。正确对待孩子之间的矛盾,有益于孩子情商的发展。

1. 弄清事实。孩子在外受了欺负回家告状时,我们要先安抚孩子的情绪,然后明辨是非，问清事情的来龙去脉，弄清楚是什么原因导致事情的发生？双方应该如何划分责任？

2. 分析原因。产生矛盾的原因很多，要正确分析。如：不会克制自己，一有情绪就随时随地发泄；缺少社交技巧，不知道怎么与同伴相处；模仿暴力行为，企图以此树立自己的权威。

3. 区别对待。偶尔的小摩擦是学习人际交往的锻炼机会。如果孩子经常与人发生矛盾，要予以重视，看孩子是否有某方面的性格缺点。如果是对方经常欺负人，可以减少交往，保护孩子。

4. 客观公正。不偏袒自己的孩子，放手让孩子学习自己解决问题，如果孩子犯错，必须要求他道歉，为自己的行为负责，这是培养责任感的好时机。

5. 正向引导。不要只关注说教"打人不对"的道德观念，更要关注孩子解决问题的过程，引导掌握合适的表达情感、解决冲突的方式，教给孩子正确的做法。

第5节 摆地摊，练胆量

有时去小商店买东西，会遇上店主的小孩来招呼，售货机灵、找钱利索，从小就学做生意，对孩子是很好的历练。

今天，妻子精心筹划，从超市批发来 2 箱矿泉水，带着儿子去西湖边售卖了。等到摆开架式，儿子却不好意思吆喝了，退得远远的。妻子便亲自示范，想不到效果奇佳，一下子吸引了好多游客过来，其中一人买了 7 瓶，不多时便售完一箱。儿子信心大增，于是，开始负责叫卖第二箱，很快便有模有样，像个熟练的小商贩。仅半小时，两箱全部售完，盈利 36 元。

从最初的害羞到进入售卖状态，儿子战胜了胆怯，完成了挑战。每个摆地摊的人，都会经历这样一个心理过程，我也同样经历过。

大二的元宵节，我拎着20世纪60年代流行的手提包，里头装着我邮购来的玩具光纤灯，本想选个人多的地方摆摊，但摊主说那块地方有人占了。最后，在一字排开的摊位最角落，我忐忑不安地拿出了商品。很幸运的是，一个晚上卖掉了几个。接下去的几个夜晚，我照旧去摆地摊。有一天，来了个流里流气的人，拿起我的光纤灯，问我多少钱？我说5元。他用光纤灯在我眼前晃晃，说了一通，然后拿了就走。我明白自己遇上了地痞，只好不作声，等他走后，我拎起包就跑回了学校。后来，我改变了单兵作战方式，开始集团经营。我们寝室每人出资100元，开始集体摆地摊。为降低成本，我和笑哥、才哥坐火车到义乌小商品批发市场进货。担心再遇上无赖，我和才哥穿上军训时的迷彩服，把自己装扮成保镖来壮胆，而笑哥则装扮成被保护的大老板。坐了一夜的火车，凌晨4点多就到了义乌，批发城的大门还没开呢！不得已，我们三个蹲坐在大门口打盹直到开门。那天我们采购了气球、贺卡、明星照等商品，然后在临安各中小学门口售卖。后来发生过惊心动魄的事情。有一次，大概卖明星照的生意太好了，影响了学校旁边商店的生意，老板拎着菜刀要和我们拼命，还好我们人多力量大，没有被吓倒。如今，这些往事已成为有意思的回忆，但那些经历所带给我的力量和信心，却一直延续着。

摆地摊可以练胆量，摆地摊的人最大的障碍不是没有钱赚，而是总会觉得其他人会笑话你。克服了这个心理障碍，习惯了摆地摊的环境，那么以后做任何事都敢于向前了。可见，人最大的障碍是自己，只要战胜自己，便有了前进的力量。

（写于2015年7月13日）

【亲子实务】如何鼓励胆小的孩子？

胆小的孩子一般表现出以下特点：不相信自己的能力，做事犹豫不决，畏缩不前，不愿抛头露面，不愿与同伴交往，遇到陌生的人或环境不知所措等。这常常令我们无法了解他的内心世界。

1. 寻找原因。 孩子胆子小的主要原因是父母的教育出了问题，父母要从自己身上找原因：是否经常用魔鬼、妖怪等说法吓唬孩子？是否经常大声吼孩子？是否过于严厉惩罚孩子？诸如此类。

2. 增加社交。 多带孩子参加一些交往活动，多与同龄伙伴互动，多邀请小朋友到家中来玩，多帮助孩子结交新朋友，以此让孩子熟悉和他人相处的情境。

3. 独立思考。 注意培养孩子的独立性、坚强的毅力，鼓励孩子做力所能及的事，遇到困难让孩子自己想办法解决。

4. 开阔眼界。 让孩子多亲近大自然，敞开胸怀，开阔眼界。多教孩子一些技能，如唱歌、绘画、手工等，使孩子增加自信心。

拓展知识　羞怯更多是从经历中习得的

发展心理学家杰罗姆·凯根实施了一个有关羞怯遗传基础的研究计划。研究表明：一部分羞怯是遗传的，而更多部分的羞怯是人们在消极的社会经历中习得的，遗传和环境会交互发生作用。

第 6 章　分享经历

每次回到老家，亲戚多半会带上晚辈来家做客，要我指点指点。我总会不遗余力地分享工作经验、人生感悟。这时候，就会想起自己走过的弯路、歧路，遗憾的是，那时的我却没有长辈指路。常言道：读万卷书不如行万里路，行万里路不如阅人无数，阅人无数不如高人指路。家长无法去左右孩子未来的人生，或许，可以在孩子还未曾踏入选择之前，多给孩子讲一讲长辈的故事、过来人的故事，使他了解一些不一样的世界。在孩子将来走到生活的岔路口时，可以看清自己，选择正确的道路。

第 1 节　向孩子敞开心扉

并非每个人都愿意敞开自己的心灵，或因脾气性格，或因戒备心理，有时候在交谈中，能明显感受到对方的心灵之茧，有的薄如蝉翼，有的层层包裹，有的密不透风。

每个心灵都裹有一个茧，那是防护自己心灵的屏障。在与他人相处时，茧越薄越诚心诚意，茧越厚越假仁假义。有时候，原本感情很好的朋友、感情很深的夫妻，却因为一件事或一句话而触痛心灵，于是迅速地重新织起厚厚的茧，要想恢复到当初的状态，又需要花费很大的工夫。

陆游有诗云：人生如春蚕，作茧自缠裹。一朝眉羽成，钻破亦在我。如果不撕开心灵的茧，也将失去蜕变的机会，失去让生命精彩的机会。破茧成蝶，是人生的另一种境界。现实中，很难进入这一境界，唯有不断的袒露内心，咬破自己编织的厚茧，才能收获更多生命的感悟和欢愉。

随着年龄的增长，孩子慢慢开始将自己的心事封闭在心中，不再愿意向父母说起，父母与孩子之间的沟通遭遇障碍。怎样让孩子打开心扉呢？仔细回想一下我们是如何交朋友的，不正是首先需要向朋友敞开心扉，才能获得朋友的信任吗？做孩子的朋友也是如此，需要向孩子敞开心扉。孩子只有感觉你是朋友了，才会和你亲近，才会向你敞开心扉。

（写于2016年5月19日）

【亲子实务】如何和孩子谈心？

只有平时做足功夫，才不会因为孩子的成长而遭遇亲子沟通障碍。要经常与孩子谈心，讲究沟通方式，更好地走进孩子心里，拉近彼此距离。

1. 平等沟通。要让孩子敞开心扉，父母首先要学会：倾听！沟通最重要的元素是倾听。当孩子和父母交谈时，父母应该停止手中一切事情，放下架子，平等交流，多听孩子的意见。

2. 表示理解。当孩子述说他的忧虑、担心和恐惧时，不能马上下结论。孩子有时不需要听说教和建议，只是希望发泄一下情绪。家长切莫说教、唠叨。

多说"请告诉我，发生了什么事""我知道""你一定很伤心"。

3. 就事论事。切忌讽刺挖苦孩子，翻陈年老账，只要孩子有进步就要肯定后再批评。不要用过去的一套要求孩子，这是孩子无法理解接受的。谈心内容要具体，不要太理论化，举的例子要生动有趣。

4. 平时多谈心。谈心要选双方心情舒适的时候，在气氛融洽的氛围中进行，孩子在愉快的心境下，对家长的批评更容易接受。每天找机会和孩子聊天，可以各自谈谈一天的工作和学习情况。

第2节　属于我俩的上学路

又迎来一个9月1日。这个开学日，与以往不太一样。因为，我们住的离学校更远了。早上6点一家人就起床了，还好，儿子早已习惯早睡早起，从幼儿园起就从没赖过床。这让我想到林海音在《城南旧事》中描述小英子第一次赖床的情景，她被父亲一把从床上拖起来，抄起鸡毛掸子倒转来拿，藤鞭子在空中一抡，从床头打到床角，从床上打到床下。小英子哭号、躲避，最后还是冒着大雨上学去了。从那以后，小英子成为每天早晨等待校工开大铁栅校门的学生之一。而我是不舍得这般打骂桐的，因为，这般相处的日子越发少了，再过两年，他就是个初中生了，到时再也不要我接送了。

7点，我们骑上特意买的能跑100公里的杰宝大王，沿着上塘河一路奔驰。桐趴在我的背上，炙热的体温从后背一直暖到我心窝，使我沉浸在温暖甜蜜的幸福中。桐像只快乐的小鸟，叽叽喳喳地不断向我提问题，天南地北的神侃，直到校门口才匆匆结束话题。后来，这段属于我俩的上学路，发展为故事大王时间，我每天看两章节小说，第二天讲述给他听，《大卫·科波菲尔》《悲惨世界》

《堂吉诃德》经常在上学路上精彩演绎……

不急,这两年里,爸爸只要不出差,每天都会陪你神侃。可是,两年后,或许你不再陪爸爸神侃了。

(写于2017年9月1日)

【亲子实务】如何利用父子独处时间?

从个性形成来看,母亲影响孩子的是女性特征,如关心人、体贴人、富有同情心等,父亲通常具有独立、宽厚、坚毅、果断、冒险、不畏困难等个性特征,孩子在与父亲交往过程中,会潜移默化地学习、模仿这些特征。当孩子要从高处跳下时,妈妈会说:"危险,不要跳!"而爸爸则可能说:"没关系,试试看。"挑战精神就是这样萌发的。利用父子独处时间,给孩子锻炼勇气的机会。

1. 游戏闲聊。可以一起玩游戏,一起随意闲聊,交流内容可以是人生理想、道德规范,也可天马行空。保持气氛轻松愉快,建立良好亲子关系。

2. 劝诫诱导。发现孩子某方面的坏习气时,要和风细雨点出,让孩子说说坏习气发展下去会产生什么结果。然后和孩子一起制订纠正计划,引导孩子学会自我控制。

3. 示范警示。用身边成功人士或失败者的例子来告诫孩子,也可以用家长的人生经历及成败事例来激励孩子,即使是失败事例对孩子也有极大启发意义,使他增强实现目标的信心和勇气。

4. 知心交心。对一些尚难分清是非的问题,或暂时说服不了孩子的,可以开展讨论,不要强迫孩子接受。家长自揭短处让孩子更信任你,孩子的某些缺点可暗示,不可点破,要维持孩子的情面。

第3节　与孩子分享见闻

早上送儿子上学，骑电动车至少半小时，我们喜欢沿着上塘河骑车，安全又安静，非常适合晨聊。一路上的晨聊，成为我了解儿子的校园生活、洞察儿子的内心世界的最佳方式，也成为我讲故事、讲道理引导他的教育途径。我也时常把自己的工作当作一扇窗户，让他透过这扇窗户更多地了解这个社会。

最近关于党的十九大的新闻，自然也成为我们的聊天话题。我便向他普及党的历史，讲述共产党员在战争中勇往直前、不怕牺牲的英勇事迹。有一天晨聊，他问我："我以后要入团吗？"

于是，我又开始了说教：

当然要入团呀！让我来告诉你原因吧。

第一，入团才能参加更多的集体活动。

第二，入团才有更多锻炼自己的机会。最近爸爸参加了选调干部的考察，发现他们都很重视锻炼自己的三项能力。这三项能力也是你以后工作时必须要具备的。第一个是文字写作能力，他们都发表过很多文章，你们语文老师每周布置写作文就是在锻炼这项能力；第二个是口头表达能力，他们面试时表现都非常好，都是过关斩将才进入考察的，对于你来说就是上课要积极发言；第三个是组织协调能力，这就要多参加活动，他们读大学时个个争当学生干部、参加各种协会。入了团，才有更多机会锻炼这三项能力。

第三，入团代表着一种荣誉。你现在是少先队员，就是少年先锋队队员，代表你是优秀的小学生。同样的，到了初中，入了团，就是代表优秀的中学生。上了大学，入了党，就是代表优秀的大学生。所以，入团、入党要求积极上进、思想进步才行。

"老爸,你是不是想让我以后入党呀?"

"那要看你够不够得上条件喽!"

许多家长往往不愿意同孩子分享工作中的见闻,甚至坚持不在家里谈工作。我倒认为,工作中需保密以外的事情完全可以同孩子说说,既让孩子对你的职业有所了解,也对社会有更多直观感受,毕竟他们是要走向社会。之前看到一则新闻,有所学校给孩子布置的暑假作业是体验父母的一天,让孩子观察父母一天的工作,结果乱花钱的女孩、爱玩网游的男孩都被父母的辛苦而触动,从而有了改变。这何尝不是一种更好的教育呢?

(写于 2017 年 10 月 31 日)

【亲子实务】孩子如何积累社会经验?

经验与阅历的积淀,既能开阔孩子的视野,又有利于坚强的意志、正确的人生观价值观的形成。经验和阅历是可以从小积累的,那么如何帮助孩子积累社会经验呢?

1. 分享经验。平时多和孩子讨论新闻事件、生活事件、社会事件,多与孩子分享社会经验,提高孩子的认知能力,树立防范意识,并教给孩子一些应对方法。告知孩子生活中常见的诈骗行为,让孩子提高判断力。

2. 实践经历。生活处处皆学问,多让孩子自己去体验、尝试。超市购物、邮局寄信、银行取钱、菜场买菜、做志愿者……这些都可以成为实践的课堂,让孩子在不同环境中应对不同人和事,锻炼孩子随机应变、自主处理问题的能力。

3. 参观学习。多带孩子接触各行各业，可以带到父母工作单位参观学习，让孩子亲眼见到父母是怎么工作的。创造机会带孩子去餐厅、工地、福利院等地方参观访问，让孩子体会劳动的艰辛和生活的不易，见识生活与社会的真实面貌。

第4节　坐火车的往事

中午赴外省培训，儿子一定要送我到火车站。在候车室，儿子问他是几岁开始坐火车的，爱人说是2岁。我说我18岁才坐过火车呢！趁还有时间，便给他讲述了我坐火车的往事。

我第一次坐火车是1995年，还不满18岁，因为考上了大学，要从衢州坐火车到杭州。父母亲陪着我一起去。售票处人山人海，父亲拿着军残证，我拿着学校报到证，这样就能买到半价票了。总算买到了票，却又被检票入口排成的长龙吓住了，有挑着扁担的，有驮着大麻袋的。瘦弱的我拖着一只大皮箱，大皮箱是母亲出嫁时的嫁妆。人流开始骚动，接着听到工作人员的大喇叭传来了进站的播报，于是，队伍瞬间瓦解，不少人拿出百米冲刺的速度。父亲接过我手里的行李，带着我们加入了奔跑的队伍，等我们挤进车厢时，发现根本没有挪地的空间，后面的人还在往里挤，人流把我和父母亲冲散了，我被夹在大人们的中间，已无法动弹。突然我发现自己的脚是悬空的，却仍被人流带着移动，头也无法抬起，我感觉那一刻就要窒息了，只想大声哭喊。我使出全身的力气，用双手把挤在我身上的躯体撑开，总算双脚落地了。

在讲述完往事后，带领着儿子观察如今的火车站，队伍整齐，空间宽敞，光检票口就有56个。绿皮火车早已淘汰了，取而代之的是动车、高铁。那时衢州到杭州需要 7 个小时，而现在杭州到北京也就 6 个小时。速度之快，不正展现了国家的发展之快吗？置身这亚洲第一大的火车站，对比当年，宛如隔世。

也许儿子并不能想象出我讲述的旧事，但这并不重要，他喜欢听就好。孩子解读"爱"这个字，就是时间。和爸爸妈妈在一起的时光是最美好的时光，这个欢乐时光未必是去什么了不起的地方度假，光是跟孩子在地上滚来滚去、一起看场电影、一起讲讲故事，甚至是辅导做功课，都是在营造温馨美好的回忆。营造这些回忆可以让他知道他是特殊的，是特别受钟爱的。久而久之，这些回忆就像是水泥，可以建构坚实的地基。这些回忆会在人生的暴风雨来临时，帮助家人互相扶持。

（写于 2015 年 5 月 23 日）

【亲子实务】如何教孩子看待差异？

孩子在成长过程中，会慢慢发现人与人之间的不同，比如爷爷辈贫穷困苦、同学家开豪车住别墅、小区里有位聋哑人……如何教育孩子正确看待这种种差异？如何接纳人与人之间的差异？

1. 正确认识。用正确的方法让孩子了解差异。如："世上有很富有的人，也有穷得吃不上饭的人。""那位聋哑人生下来就听不见声音、不会说话，这不是他的错。"引导孩子学会接纳别人的不同，懂得欣赏与尊重，发现别人的长处。

2. 客观对待。让孩子知道偏见不可怕，但不能歧视他人。如果孩子取笑残疾人，可以问哪里让他觉得好笑，用严肃的表情给出"一点也不好笑"的回应，接着问他："那个残疾人如果听到这些话会怎么想？"警告孩子歧视所造成的伤害。

3. 友善沟通。在安全、适当的时机，可以让孩子试着主动和别人沟通，如主动和小区那位聋哑人打招呼、和隔壁孩子谈心交朋友。教育孩子要善良，力所能及地帮助别人。要相信自己，敞开胸怀，跟别人建立真诚的友谊，善于与人合作。

第5节　爱吃糖的我

儿子周末作文题目，是写"××的我"，要求写出自己的特点。我们建议他写一两件具体的事情，从中写出自己的性格特点。于是，儿子打算写"爱吃糖的我"。

儿子对于糖果、糖糕、糖葫芦、棉花糖、冰淇淋这类甜食向来缺乏抵抗力。比如早餐吃馒头，他总爱拌点蜂蜜；夜晚逛超市，他总爱在糖果区逗留；去宾馆住宿，他总爱将前台放着的薄荷糖抓一大把放进自己口袋；结伴游玩时，他也总爱拿糖果和伙伴们分享。对此，我们苦口婆心细数吃糖的害处，儿子终于下定决心要戒糖。起先，他让我们把家里的糖果都藏起来，不让他找到，但他还是禁不住从厨房拿颗冰糖解解馋。为增强对馋虫的抵抗力，儿子想出一个办法，他将一颗糖果挂在阳台晒衣杆上，想吃糖时就抬头看看，他称为望梅止渴。当我问他有没有信心戒掉吃糖时，他回答说难。

大多数小孩都爱吃糖，小时候的我也不例外，更何况我爷爷就是卖白糖饼的小贩。他每天早出晚归，挑着筐走十多里路到县城，然后穿街走巷叫卖着"卖白糖饼、桂花糖啰……"。爷爷的吆喝声非常响亮，以至于在整个县城都出了名。那时候，我在县城读中学，经常能在校园门口遇见爷爷，爷爷会从筐里拿出一块白糖饼给我吃，令同学们羡慕不已。白糖饼的味道实在是好，我和小伙伴们偶尔会溜进爷爷的房间，把手伸进装满货物的铁皮箱，偷出一块白糖饼，然后把它往地上一摔，便裂成几小块，大家分着吃了。在十几个堂兄妹中，我特别乖巧，奶奶也格外喜欢我，经常会趁其他堂兄妹不在场时，赏我一块白糖饼。时至今日，我仍在反问自己：我外表乖巧内心固执的性格到底是怎么形成的？为什么明明内心激情澎湃，表现出来的却是不善言辞？冥冥中觉得，性格的形成既是家庭教育环境塑造而成，也是孩子不断调整自身去适应环境的选择，这从生物学角度讲也是符合适者生存、优胜劣汰的自然规律。我是家里的老大，按照心理动力学派阿德勒家庭星座理论，老大常常是家庭正性情绪的投射者，家庭会很关注长子，他帮助弟弟，家长就会表扬他，家长还会从小培养长子的管理能力，教他持家，所以在发展过程中承受的压力比较大，但是发展比较快。

　　这种性格的我，为了达成目的，有时也会耍些小聪明，但最后却因为固执适得其反。有次，七八岁的我跑去找小姨玩，那时小姨在辉埠镇一家棒冰厂工作，看到主管指挥人员把一箱箱的棒冰往外搬运，我好想吃一根，要是小姨知道我想吃一定会给的，可是小姨在车间里面，怎样才能让她知道我嘴馋了呢？我想了个办法，假装把身体伏在墙上哭泣，希望引来小姨的注意。可是，哭了好久仍没引来别人的关注，不禁让我开始恨起身边的大人们，又开始恨起了让我嘴馋的棒冰，我决定以后再也不吃棒冰了。小姨终于看到了我，也终于拿了根棒冰出来补偿我，但我固执的一面完全显现出来，我没有吃那根棒冰。

　　爱吃糖的我，渐渐明白没有完美的性格，没有完美的自己，做真实的自己才是最重要的。爱吃糖的儿子，也在与诱惑的斗争中，慢慢成长、成熟……

（写于2016年4月2日）

【亲子实务】如何使用自我暴露技巧？

心理学上有个概念叫自我暴露，指的是咨询师向求助者分享自己的情感、经验，目的是为了促进咨询关系的建立和发展，同时鼓励来访者进行自我暴露。自我暴露也可以作为亲子关系沟通的一种技巧。

1. 暴露感受。反馈正向感受，是一种合适的自我暴露，可以直接跨过语言进入孩子的内心。但不要表达消极情绪，否则孩子会觉得自己要为父母的情绪负责任，从而被消极情绪影响。如孩子面临期末考还在看闲书，将"别天天看闲书，好好准备考试"的说教，换成"我希望你放下手上的书，让我们好好准备期末考好吗？"

2. 暴露短处。在适合时候暴露自己的短处、缺点可以增加对方的信任感，从而快速拉近双方距离。如孩子作文写不出来，急得哭了起来，我们可以冷处理，待其情绪稳定后，说："我理解你着急的心情，每个人都是从不会到会的，我小时候作文也不会写，也和你一样着急。"

3. 暴露隐私。孩子主动和父母说自己的秘密，希望得到父母的理解和引导，父母可以通过暴露自己的情感、身体等隐私来和孩子交流，使孩子感到父母是自己可以信赖的朋友。如儿子将自己身体发育的秘密告诉了父亲，父亲可以借游泳洗澡时暴露身体，不露痕迹地开展性教育。

第 7 章　开卷有益

苏轼在《和董传留别》中写道:"粗缯大布裹生涯,腹有诗书气自华。"意思是说只要饱读诗书,学有所成,气质才华自然横溢、高雅光彩。的确,读好书,就像与古人娓娓对话、与伟人促膝长谈,与挚友侃侃而谈,从而感悟睿智思想、领略历史云烟、感受人生冷暖。读书多了,身上自然会带一股书卷之气,言谈举止间流露出读书人特有的气质。正所谓:一个人的气质里,藏着他走过的路,读过的书,和爱过的人。

第 1 节　"黄金屋、颜如玉"再认识

一位女士,站在晃动的车厢里,一手拉着公交扶手,一手捧着一本书,聚精会神地看着。这是今天上班早高峰期间,我在公交车上看到的一幕。每每看到读书如此用功之人,内心总会被触动。前些天,还对地铁上一位埋头读书的非洲人震惊不已。

10多岁时的读书年代,老师经常以宋真宗赵恒的《励学篇》来鼓励我们:

"富家不用买良田，书中自有千钟粟。安居不用架高楼，书中自有黄金屋。娶妻莫恨无良媒，书中自有颜如玉。出门莫恨无人随，书中车马多如簇。男儿欲遂平生志，五经勤向窗前读。"那时候，对"黄金屋、颜如玉"的理解是：只要读好书，就能拥有好工作，就能抱得美人归。

如今，四十不惑再体会这段话，感受却不一样了。之前有前辈对我说，读同一本书，不同的年龄阶段会有不同的理解，随着年龄、阅历的增长，领悟更加深刻。对于公交车上遇见的这一场景，我突然认知到，其实"黄金屋"是意指"精神富有"，"颜如玉"是意指"生活美满"。为什么这么理解？或许，到四十不惑的年龄，见识过不算少的"捡了芝麻丢了西瓜"，因此更加看重精神上的追求、生活上的幸福。如果没有精神上的追求，就很容易在物欲横流的社会里迷失自己，每天被各种各样的负能量包围，活得心累；如果没有生活上的幸福，就很容易在争吵不休的家庭里折磨自己，伤害亲人，劳心劳力。唯有精神富有，才能心胸宽广，做到不在意、不计较、不比较；唯有生活美满，才能彼此珍惜，愿意去退让、去改变、去包容。

而要拥有这"黄金屋、颜如玉"，还是需要从书中去找。无论是阅读大量的历史、哲学、文学等书籍，还是反复精读少量的经典著作，必然会有心灵上的共鸣，带来境界上的提升。读书是手段，修身才是目的，中国有"修身、齐家、治国"的优秀传统。作为普通人，要做到"齐家"，必先"修身"。

现实中，我们会遇到许多酸甜苦辣，如果一味埋怨、嫉妒，我们便无法成长。书看多了，我们会试着去品尝、去欣赏，这时，所有的酸甜苦辣便成为丰富精神的食粮，成为一种财富。这便是"书中自有黄金屋"。现实中，未婚者在等待中期盼遇到一个合适的人，已婚者在争执中怀疑对方是不是最适合自己的人。书看多了，我们会明白从来没有完美的人，所谓性格不合只是双方不肯磨合。这时，我们会发现对方越来越多的优点，发现对方其实是适合自己的。

过去的一年,我在读书中获益,在读书中成长,在读书中修身。新的一年,我更当以多读书来自省体察,以修正自己的言行,从而让精神更富有、生活更美满。

(写于2016年1月29日)

【亲子实务】如何让孩子爱上阅读?

《苏菲的世界》一书的作者乔斯坦·贾德曾说:"最明智的父母,一旦给孩子吃饱穿暖之后,接下来最重要的事情,就应该去为孩子们选择出最好的书,带回家来,放进他们的卧室里。"

1. 书香环境。阅读最好的环境是家庭,最好的榜样是父母,一个舒适又有书香氛围的环境至关重要。父母爱读书,自然会熏陶孩子,这是培养孩子阅读兴趣的沃土。家里尽量设书房,整齐有序地放置各类书籍,有亲子共读的阅读区。

2. 天天坚持。父母的陪伴应该贯穿到孩子读书的整个过程,亲子共读越早越好,把阅读作为每天必不可少的活动,减少接触手机等电子产品。如果父母坚持每天都看一点书,慢慢地阅读会成为生命的一部分,也会成为孩子生命的一部分。

3. 多元阅读。阅读的目的是愉悦身心,一切急功近利、功利性强的阅读都会扼杀孩子阅读的兴趣。无论是天文地理、文史经哲、小说散文、漫画绘本,都应兼收并蓄,扩大知识面。多读经典,不要低估孩子的阅读能力和自我学习能力。

4. 循循善诱。在孩子小的时候,父母讲故事、朗读图书、角色扮演,让孩子从声音世界过渡到文字世界,从看漫画书过渡到看文字书。经常去图书馆借书,尽量在还书前把书看完。教孩子做阅读摘抄,抄满一页给予奖励,可实行积分制。

第2节 买书不如借书

今天,儿子在同学家玩后,顺便从她家借了几本书。清朝袁枚所著的《黄生借书说》中说:"书非借不能读也。"意思是"书不是借来的就不能好好地去读"。对此,我还是比较认同的。书买来不一定读完,而借阅的好处,如老师、老板交代的作业,必须限期完成。

就拿我自己来说吧!我喜欢读书也经常买书,以前,一旦书买来了,便似乎有了惰性,内心会有个声音对我说:"不急不急,有的是时间看。"于是这本书就被搁置一旁,可能很长一段时间后再去读它,可能再也没去读它了;现在,我换了个方式,总是先去图书馆借书看,因为有一个月借书期限,自然地促使我尽快读完它。遇到好词好句,我会摘抄下来,遇到特别好的书,我才去书店把它买来作为珍藏。这种改变,让我的阅读量猛增。我也有个梦想,把将来的新家装修成家庭图书馆。

对于儿子来说,随着阅读能力增强,对书的需求也是日增月益。现在,杭州少儿图书馆成了他最喜欢去的地方之一。读幼儿园时,儿子在这里读了大量的绘本,这要是自己购买也是笔不小的开支。除了从图书馆借书,向别人借书也是好办法,因为推荐的书肯定不赖。有位亲子教育成功人士曾介绍他的育儿经验:"小学时让孩子尽情玩,初中时让孩子向老师借书看。到了高中,已玩够的孩子能够静下心来认真读书了,初中时阅读的大量书籍不仅提高了孩子的知识水平,也能厚积薄发。因此,孩子品学兼优是理所当然的。"对于这位成功父亲借书的方法,值得推崇。

当然,对于好书,还是一定要拥有。好书要读上多遍,方才能领悟书中的真理,况且每次阅读的体会也是不一样的。

(写于 2015 年 5 月 2 日)

【亲子实务】如何阅读才能提升层次?

当代作家雾满拦江认为,阅读有 5 个层次,层次越高,看问题越通透,思考越有深度和广度。

1. 第一层次:娱乐小说。这是阅读的起点,从婴幼时代的童书阅读开始,培养孩子的文字敏感性。处在第一层次的人,阅读量少,易情绪化。

2. 第二层次:传统经典。文字敏感性培养出来后,要阅读些经典作品,如《飘》《红岩》《三国演义》《1984》等。这时候,思考逐渐有深度,孩子不再幼稚,慢慢变得理性,能够兼顾他人,学会换位思考。

3. 第三层次:史哲领域。只有大量阅读经典著作,才有可能培养出这方面的兴趣。因为经典小说中,涉及大量史哲领域的概念,如《左传》《史记》等。这时候,孩子看问题能在当时的社会环境下考量。

4. 第四层次:思想领域。有了史哲基础,这时候就会阅读大量的思想典籍,如伊·拉卡托斯的《科学研究方法论》,蒯因的《从逻辑的观点看》等。雾满拦江认为阅读到这一步,才算是个读书人。

5. 第五层次:构建体系。如果形成自己的思想体系,并依据自我体系构建新的阅读书目,就能从容面对人生难题。

第3节　小时多记，大时多悟

儿子手上拿着一本书，跑来问我："你知道张士诚、陈友谅是谁吗？"我猜测是他正在读的《明朝那些事儿》中的人物，便蒙道："是朱元璋的对手吧。"儿子夸道："记性不错呀！"

说到记性，其实我从小就发觉记性比不过同学。小学时，要背出课文才能放学，我常常是最后背出的。那时候起，我懂得了勤能补拙。同学们玩耍时、课间眼保健操时、体音美上课时，都被我挤出来学语数化了。这可否算是另一种"早熟"呢？

依据心理学家的研究，13岁以前是以记忆力的发展为主，记住的东西往往终身不忘，15~25岁是想象力最丰富的阶段，25岁以后是思维力最佳的阶段。因此，趁儿子正处于记忆力最佳时期，我会鼓励他多看书、多背诵，尤其是文学、历史类图书。最近，我将《明朝那些事儿》推荐给他，这本书是2012年去呼和浩特时，旅行团中两个西安初中生推荐的，读完后我专门买来收藏。从儿子痴迷阅读的神态，印证了作者的那句话："历史应该可以写得好看。"有时候，儿子还借手机去查阅。问他查什么？他说查"斛"，并向我解释道："是古代的一种容器，装粮食用的，老百姓用斛装粮食上交，贪官对准斛猛踹一脚，洒出来的粮食就归贪官了。"儿子这番解释，更让我觉得此书有阅读价值。

中国传统教学非常推崇"死记硬背"，往往是从小背诵四书五经，而不强求理解。宋代大教育家朱熹就十分倡导背诵，教学主张就是提倡先记忆而后再去理解，"书读百遍，其义自见"，即是强调在反复吟咏中加深理解。按照前面讲的心理学家研究，25岁以后是思维力最佳的时期。这时候，人们往往有了一定的人生阅历，便会有感悟、有思考。这时，记忆中的知识便会自动跑出来，比如哲理性语句、先哲故事，这些记忆可以指引我们。

可见，小时候多记是多么重要，现在的阅读也好、经历也好，不要强求记忆，但要去多感悟。有时候读书，一些情节会引起共鸣；有时候和别人交谈，一些话语会激发感悟。这些共鸣、感悟，我称为"心动时刻"，如果能转化为文字，对自己反躬自省、提升修养是非常有好处的，即小时多记，大时多悟。

（写于2017年6月12日）

【亲子实务】如何才能提高记忆力？

记忆，就是过去的经验在人脑中的反映，包括识记、保持、再现和回忆4个基本过程。记忆的天敌是遗忘，提高记忆力，实质就是尽量避免和克服遗忘。只要进行有意识的练习，掌握记忆规律和方法，就能改善、提高记忆力。

1. 记忆规律。 著名的艾宾浩斯遗忘曲线告诉我们，在学习中的遗忘是有规律的，遗忘的过程是先快后慢，因此要遵循记忆规律，对所学知识及时进行复习。可以按照5分钟、30分钟、12小时、1天、2天、4天、7天、15天共8个周期进行背诵复习。

2. 尝试回忆。 也可称为"过电影"。在阅读或朗读到一定程度以后，合上书回忆，有模糊的地方立即与原文核对，及时了解自己的薄弱点，着重记忆那些生疏的内容。心理学实验表明，尝试回忆比单纯的反复识记好。

3. 一问一答。 辅导孩子学习时，以老师的身份，对照学习内容提出问题，也可从多角度设计问题，由孩子回答问题，着重对生疏内容再次提问，帮助孩子强化记忆。

4. 视听结合。每个人的记忆感官灵敏度不一，可以视听结合来强化记忆，提高记忆效率。这往往比单一默读效果好得多。需要理解的内容，不能仅靠死记硬背，如能做到理解和背诵相结合，记忆效果会更好。

拓展知识 了解大脑知识，提高学习效果

大脑皮层有额叶、顶叶、枕叶、颞叶4个区域，每个区域都与特定的感觉和运动功能相联系，且都与学习和记忆有关。因此，要提高学习效果，就要尽可能多地使用不同的大脑区域。比如，阅读会通过颞叶形成语言记忆，记笔记会让额叶形成运动记忆，浏览图片会在枕叶和顶叶形成视觉记忆，积极听讲并参与讨论会激活颞叶的听觉记忆。

第4节 古钱币激发的历史兴趣

开学第一天，儿子穿着明朝服饰踏入校园。罗校长一身长袍，在校门口迎接不同朝代穿越而来的学生。原来这是学校举行的"扬中国文化，过传统节日"活动。全校学生身穿唐、宋、元、明4个朝代服装，领取通关文牒，带着小小的铜币，逛集市买商品，体验古代蹴鞠、投壶游戏，享受传统美食。

放学后，桐向我展示了小铜币，上面印有道光通宝字样，他还提出要我去古钱币交易市场给他买几个真的古钱币。我觉得不能熄灭他这份兴趣，便说下次一起去买。兴趣是最好的老师，对古钱币的兴趣，不正是对历史的兴趣吗？

周日逛菜市场时，我们在地摊上看到有卖古钱币的，也不管它是真钱币还

是现代工艺品，我们以 5 元一枚挑了 10 个清朝不同年号的钱币，有顺治通宝、康熙通宝、雍正通宝、乾隆通宝、嘉庆通宝、道光通宝、咸丰通宝、同治通宝、光绪通宝、宣统通宝。老板称赞道：难得小孩子对历史感兴趣呀！

回到家，桐将铜币在地板上一字排开，仔细端详、研究，时不时还用手机查询一番。我想，这番研究后，他对清朝应该会有一个大致的概念。历史是丰富多彩、博大精深的，努力培养对历史的兴趣，远比刻意地进行历史知识的传授重要得多。

令我没有想到的是，桐随后将我书架上的《康熙大帝》拿下来阅读了，这是二月河的作品，读起来有点深度。我问能看懂吗？他说好懂的呀！之前看到有文章推荐初一学生读《苏菲的世界》，我一直认为这年龄读哲学类书籍，不一定能看懂吧？实际上，孩子的接受能力是很强的，关键在于激发他的兴趣。这就要求我们家长随时关注孩子的兴趣爱好，然后加以引导、培育。

（写于 2018 年 3 月 12 日）

【亲子实务】如何让孩子爱上历史？

历史是一门包罗万象的学科，蕴含了丰富的知识内涵，蕴藏着美妙的精神食粮。历史学得好的孩子，更善于换位思考，更精于严谨治学，更善于客观评判。

1. 培养兴趣。历史故事能激发孩子对历史的浓厚兴趣。从小就给儿子讲述历史故事，如"孟母三迁""精忠报国""桃园三结义""空城计""草船借箭"，等等。有了兴趣，剩下的就自然而然水到渠成了，逐步引导孩子从阅读史书的连环画、通俗版、缩减版到读历史原著。

2. 讲述故事。孩子看史书到精彩处，一般会产生分享意愿，这时要顺着孩子的意思，引导孩子把故事讲给家长听，做到耐心倾听，积极回应。如果能够和孩子一起看，就有了共同话题，交流起来会更加有共同语言，能进一步激发孩子的学习兴趣。

3. 看纪录片。推荐：《楚国八百年》《复活的军团》《帝陵·西汉帝陵》《荆楚·三国》《大明宫》《真假狄仁杰》《玄奘之路》《开封府》《南宋》《契丹王朝》《神秘的西夏》《大蒙古帝国系列》《1405郑和下西洋》《大典沉浮记》《爱新觉罗·溥仪》《北洋军覆灭记》《甲午》《重生》。

4. 访古旅游。课本知识是平面的，记忆容易淡忘，如果有条件去历史事件的发生地感受一下，就会给孩子留下更深刻的印象。可以有意识地带孩子去游览历史古城、人文古迹、历史博物馆，增加感性认识，让孩子感同身受，觉得历史不是刻板的文字和时间点。

第5节 作文不会写，怎么办？

据老师说，四年级语文期末考时，桐因为作文写不出来，急得眼泪唰唰往下掉。到了五年级，面对每周末一篇作文，桐经常无从下笔，还叹声道：作文是我的弱项呀！

咋办？对此，全家人费尽心思，想方设法补短板，甚至提出是否报个作文提高班。对于阅读能力的培养，我们一直就很重视。因此，桐从小就爱看书，积累了蛮多的词汇量，言谈中也口齿伶俐、妙语连珠。可为什么能说却不能写？经过分析，我们认为除了方法之外，还得靠练习。

于是这学期开始，和桐约定好：

1. 每次写作前，先把框架构思好，并写出提纲：第一段怎么引出，第二段写什么，第三段写什么，第四段如何收尾。

2. 然后以 40 分钟为限，写 400 字，时间一到就停笔，少几个字举几下哑铃。

3. 接着，仍以 40 分钟为限，继续写下去。

起初，提纲需要在我们的指导下才能列出来，然后桐坐在书桌前，像挤牙膏似地，非常辛苦地写下一个又一个字，有时 40 分钟才写了 100 多个字，一篇文章需要好几个 40 分钟才能完成。如果写得不好，还需重写；写得还可以，就和他一起修改，告诉他为什么这般修改，之后重新抄一遍。

几个月的坚持，我们发现他能自己列提纲了，能在 40 分钟内完成了，文中修辞方法、佳词妙句也多起来了，偶尔还能得到语文老师的表扬。有一次，作文被老师推荐给学校校友课程征文大赛，获得二等奖。桐的自信心渐渐强起来，不再那么害怕写作文了，有时还自言自语道：好像我还能写写的，作文不难嘛！

就这样，我们坚持到现在。

现在，桐通过不断的练习，已经克服了写作的畏难情绪。首先，建立信心。因此，只要孩子努力去写了，就要及时给他点赞，比如夸他某个成语用得好、某个排比句不错，这样才能让他慢慢建立自信心，从而静得下心来练习。其次，平时多积累素材。多看文章，学习、借鉴，再转化为自己的素材。我自己虽然每年将读书摘记整理成册，但其实没有花工夫去熟记，这也是今后需要努力的地方。最后，需要坚持不断地练习。给他一定的压力，激发潜能。

（写于 2018 年 1 月 22 日）

【亲子实务】如何才能写好作文？

孩子刚开始写作文时，往往苦于找不到素材、凑不齐字数，常常苦思冥想、落笔千斤，写出的作文却空洞无物。这时候，家长的支持、鼓励、指导尤为重要。

1. 平时积累。"读书破万卷，下笔如有神""巧妇难为无米之炊"，古人总结的经验说明了"积累"在写作中的重要性。平时广泛阅读书籍、报刊，随身带只荧光笔，遇到好词好句就做好标记，把这些优美词语、句子、语段摘录在素材本上。

2. 生活实践。深入观察生活、积极参与生活，以写生、写日记、写观察笔记的形式，及时记录生活中的见闻。记录时抓住细节，把握人、事、物、景的特征。每到作文时便可从笔记中找素材，不用搜肠刮肚、胡编乱造，写出的文章才有血有肉。

3. 坚持练笔。坚持每天练笔，选一个题材，可以记录当天发生的事，也可以描述身边的物件，如：将一盆花放在桌上，边观察边描写。字数不用多，三五句也可以，着重描写细节，加上修饰手法。家长可以陪着写，写好后分别读一遍，比比谁写得更具体生动。

4. 指导有方。孩子写作文之前帮助他一起定题材、列提纲、找中心，监督孩子在规定时间内完成，写好之后帮助孩子修改，让他明白为什么这样改、何处加上修辞手法、怎样点题立意等。

第 8 章　情商教育

美国心理学家丹尼尔·戈尔曼认为，情商（EQ）比智商更为重要。一个人能否取得成功，智商只起到 20% 的作用，剩下的 80% 取决于情商。情商教育，是良好道德品质，是乐观的个人品性，是诚恳的处事态度。情商不是与生俱来的，而是经过后天的有意培养和教育逐步发展的。而一个人的情绪能力恰好是情商能力发展的温床。童年阶段，父母的一个重要任务就是帮助孩子管理情绪。

第 1 节　情感要表达出来

昨晚，妻子躺在床上休息，桐过去亲她脸，妻子回报他一个微笑。桐说：妈妈，我最喜欢看你笑了，你一笑，好像整个世界都笑了！顿时，我和妻子都被这句话震撼了。孩子的话，是最真实的话。我不知道他这句话是书上看来的呢，还是自己有感而发的呢？但有一点我可以确信，他的感情是真实的，他是在将自己的情感表达出来。

而作为成人，很少有人能做到这一点。随着年龄的增长，人的理智也随之增长，真实情感被刻意隐藏或控制。我在一些文章中看到这样的文字：世界上有一种爱，无私、伟大，这就是母爱；世界上还有一种爱，含蓄、深沉，这就是父爱。似乎把情感表达出来，就是不成熟、不坚强的表现。然而，心理学认为，长期压抑感情会引起心理上的问题。当人们遇上不顺心的事时，心理咨询师的建议是让负面情感宣泄出来，可以通过向好友倾诉、大声呐喊、摔打枕头等方式。总之是：情感要表达出来。

在亲子教育中，尤其是青春期，孩子的情感如果不能合理表达，轻则亲子关系僵化，重则诱发心理问题。要杜绝这些现象，父母要言传身教，夫妻之间、父子之间，相互拥抱、甜言蜜语、嬉戏玩耍，举手投足之间都是情感的表达。

（写于 2016 年 5 月 11 日）

【亲子实务】如何帮助消除孩子的负面情绪？

心理学上把焦虑、紧张、愤怒、沮丧、悲伤、痛苦等情绪统称为负面情绪。负面情绪如得不到正确化解，就会积压在内心，存在于潜意识之中，影响孩子的性格和心理。

1. 用心倾听。孩子出现负面情绪时，不要马上转移（例如：别哭，等下买糖给你吃），或否定（例如：这有什么好哭的），或打压（例如：再哭就揍你）。而应该全神贯注地聆听，让孩子把话说完。

2. 认同接纳。当孩子处于强烈情感中时，他听不进任何人的话，不愿接受任何意见，只希望我们能理解。可用"嗯""噢""我知道了"等语句来安慰孩子。

3. 理解共鸣。安慰孩子的最好办法就是理解他们，告诉孩子我们理解他的感受。不要匆匆给出评价和意见，可以简单复述孩子的话，并把孩子的感受用适当的词表达出来，如"你看上去很生气"等。

4. 共同解决。在纠正孩子的行为前，一定要先安抚他的情绪问题。只有当孩子心情平静时，才能正确地思考，做出正确的举动。这时可以跟孩子一起商量如何解决问题。

拓展知识　写日记能治愈心灵创伤

研究表明，写日记不用迎合或取悦任何听众，也不用向任何人解释，把恐惧和悲伤写下来，对情绪具有安抚作用。写日记的目的是记录成长过程中的点点滴滴，帮助孩子疏解压力，治愈心灵创伤。

第2节　在孩子心中种棵亲情树

在一个周六，我带着儿子开车回老家拉年货。儿子说，爸爸，每次回老家我都想跟着你一起回，只是怕影响做功课而惹妈妈生气。我赞扬道，你能考虑到别人，说明你长大了，很小的孩子都是只顾自己的，到上幼儿园，老师就会教他要分享、要考虑别人，所以说从只顾自己到能顾及他人就是长大的表现。儿子自豪地说，林老师还夸我聪明、可爱呢！接着又说，真想念弟弟阿鑫呀！我也感慨道，我也想念我的弟弟、我的爸爸妈妈呀，这就是血脉相连的缘故。

年关将至，高速公路也比平时更堵了，川流不息的车子急切地奔向远方的家乡。不知不觉到了四十不惑的年龄，年龄越大，越觉年的氛围淡了，但越觉亲情更浓了。想起小的时候，日日盼年，月月盼年；想起叛逆青春，日也争执，夜也争执。过去的一切，都在渐渐远去，留下的记忆、思绪、情感，最终万涓成水汇流成河。那是一条血脉之河，无时无刻不在召唤着游子的心。回到家，只想静静地和家人待在一处，听父母讲讲往事，唠唠家常。院子里不时传来稚嫩的欢笑声，儿子和他的弟弟阿鑫形影不离，犹如当年我和弟弟一样。

之前看到一篇短文描述初老症 16 条现象，其中一条是喜欢和妈妈、爸爸待一起聊天，越来越爱在家待着。难道这便是年龄越大、亲情越浓的理由？细想之下，人生就像一把天平，一端是家庭，一端是学业、事业。当我们把精力投入到学业、事业，往往忽略了家庭，忽略了亲情，天平早已严重倾斜。而当我们年龄越大，有了更多的人生感悟后，便开始回归家庭，于是天平慢慢平衡，便越来越觉得亲情弥贵。事实上，家庭内外并不矛盾，关键在于如何保持平衡。生活中，家庭争执、事业不顺往往是因平衡打破之故。要想将学业、事业这端加重磅码而天平仍平衡，唯一的办法就是同样加重家庭这端的磅码。

一个人，只有处理好家庭内外的关系，才能走向家庭、事业双丰收，古语早就有云：家和万事兴，说的就是这个道理。我希望在孩子的心中种下一棵亲情树，让它健康长大，直至枝繁叶茂。

（写于 2017 年 1 月 19 日）

【亲子实务】如何让孩子有归属感？

心理学研究表明，人们都希望归属于某一群体，比如家庭、学校、单位，这样就能从中得到温暖，获得爱和帮助，从而消除孤独感、寂寞感，获得安全感，也就是说人人需要归属感。因为某种原因，孩子有时不得不离开熟悉的环境或亲人，没有形成归属感，孩子容易产生分离焦虑。

1. 保持亲密接触。新生儿与妈妈肌肤接触，通过体温传导舒适感和安宁感，产生安全感。同样，家长和孩子的亲密接触能促进归属感，多倾听、交流，融入孩子的世界。当孩子有不良情绪时，可以拥抱着孩子听他倾诉，把情绪释放出来。这种共情，能够让孩子建立情感的归属感。

2. 形成童年密友。孩子对社会认知的起点，是对家庭环境的了解。一个家族，尤其是父族，就是一个小型的社会。让孩子和家族成员保持交往，和童年密友一起长大，产生"根"的感觉，能建立家族的归属感。有了"根"，自然有依托，心中有惦记，以后融入社会也少有障碍。

3. 结成信任同盟。孩子信任父母有两个标志，一是遇到问题时愿意来找你，因为你能帮他解决困难；二是愿意将自己的秘密告诉你，因为你不会辜负他的信任。父母要通过细心观察、倾心交谈，了解孩子成长的烦恼、心灵的需求，及时给予悉心帮助，赢得孩子的信任。当孩子在家庭得到了归属感，以后走进社会时就能适应集体生活，得到他人的认同和接纳。

第3节 春节之变化

父亲更柔和了

父亲是我见过最勤劳的人。因为勤劳，落下了腰痛的毛病。2010年退休后，拿着几千元的退休金，却仍经营着他那一分地、一片山，独自肩挑万斤胡柚下山。直到腰痛得起不了床，在母亲和我们兄弟的再三劝阻下，才将一片山送给大伯。等腰痛稍好了，父亲又好了伤疤忘了疼，不仅在离家五里外的一分地里种植蔬菜，还将屋后的荒地和山林开垦了出来，种上了瓜果，养上了鸡鸭。去年夏天发洪水，父亲骑着三轮车，去那一分地里劳作，却连人带车翻到汹涌的洪水中，万幸的是手机救了他。这一事件后，父亲不再那么像拼命三郎了。春节回来，听说他开垦的田地也被别人承包，父亲的勤劳似乎无用武之地了。但这勤劳已遗传给了他的孩子们。

父亲是我见过最坚强的人。那些小时候的日子，关于父亲疼爱我的记忆越来越模糊了，剩下的只有父亲高分贝的嗓门，说话就像吵架。春节里，一波波的亲戚来串门，母亲将父亲刚直的故事、暴躁的话语，讲笑话般说给亲戚听。父亲也在一旁侧着耳听着，脸上却是笑眯眯的，似乎在回味那些往事。目睹父亲的神情，我突然意识到，父亲不仅改变了劳作的那份执著，也改变了刚直的个性。

父亲更柔和了，我倍觉幸福，父母健康是子女最大的幸福。

妻子更包容了

妻子因睡不了老家的床，便住宾馆了。我因想多陪伴父母，便住老家了。妻子因孩子作业多，提早回杭州了。我因想要串门拜年，多待了些天。原本担心妻子会责怪我没陪好他们，回杭州后聊起，妻子微笑说，没关系。我知道那是因为她包容我。

春节回谁家过年，一直是夫妻间扯不开的心结，常常在网上看到因回谁家过年而夫妻闹翻的新闻。回想和妻子牵手的十多年，虽然也有风雨交加、电闪雷鸣，但总算雨过天晴、阳光明媚。而这，终究离不开"包容"两字。

妻子更包容了，我倍觉幸福。婚姻健康是夫妻最大的幸福。

我更恋家了

读大学时，远离家乡，总盼着寒暑假，因为可以回家。过完春节，不得已返回学校后，总要难受好些天。有时，低着头走路，脑子里全是家乡，遇到同学打招呼，出口竟是方言。工作后，心野了，恋家的感觉反而没了。

前些年，回到家乡，多数时候是和朋友们聚餐聚会，母亲嗔怪道："我见儿子咋这么难呢？"这个春节里，我宅在家里，只想静静地和父母亲唠叨唠叨，听父亲讲述在北京当兵的故事，他在地铁建设工地劳动，还能望见毛主席房间的窗台，或许当时毛主席还正在窗前看文件呢。聆听之余，我联想到这次回乡调研课题，便开展了问卷调查。调查显示，春节放假期间，娱乐的活动主要是陪伴家人和走亲访友。原来，不只是我恋家了。

更恋家，才倍觉幸福，家齐国安宁，家庭健康关系社会和谐、国家发展。

（写于 2017 年 2 月 5 日）

【亲子实务】如何感知他人情绪？

情商一般指认识、管理和调控自己情绪，以及认知他人情绪的能力。情商形成于婴幼儿时期，成型于儿童和青少年阶段，主要是在人际互动中培养起来的。感知他人情绪的能力是情商非常重要的一部分。

1. 管理情绪。孩子必须首先在乎自己的感受，然后才能在乎别人的感受。当孩子遇到受到赞扬、发生冲突、输了游戏、被人拒绝等情况时，家长更多问孩子有什么感受。越关注孩子的感受，他对情感的了解就越多。告诉孩子，情绪是不能压抑的，要学习在适当的时候，适度地宣泄情绪。

2. 共情。要感知他人情绪，一要分析客观事实，他人的需求是否得到满足；二要分析其表情，注意观察面部表情、姿态、语调。教会孩子区分"同情"（理解别人的痛苦，如"你受伤了，我很难过"）和"共情"（对别人的痛苦感同身受，如"你受伤了，我的内心也感到受了伤"），安慰身处困境的人。

第 4 节　还有比作业更重要的事

我读小学时似乎没有太多作业，印象中暑假作业是要拖到开学前几天才做的，母亲总说我是临时抱佛脚。然而，如今的小学，似乎总有做不完的作业，就凭这一点，做家长的也得多多体谅孩子。

桐桐暑假一开始便不停歇地做作业，直到 8 月中旬才完成，使得原定的出游计划无法实施；国庆假期，做了 5 天作业才勉强完成，总算带着他回了趟老家，逛了趟景德镇。弟弟的儿子阿鑫早就盼着桐桐回老家玩了，他俩是一起长大的兄弟、玩伴。桐桐读幼儿园小班起，就离开老家了，于是每年他俩也就只有一两次相聚的机会。然而，相聚时间越短，思念在等待中愈加疯长，亲情在等待中愈加深厚。回老家的这三天，他俩形影不离，观赏石博览园、山地自行车公园、景德镇瓷器城，留下了他们调皮的足迹、欢快的笑声。这足迹、这笑声，肯定比作业更重要。

相聚愈短，相别愈难。回程前一天，两个小家伙躲到一边，似乎有说不完的话语，那分明是分别的离愁。那气氛，是如此熟悉，不正是曾经我和玩伴们分别时的气氛吗？那年我考上了初中，即将去县城读书，即将离开庆庆、水军、华明三个小伙伴。我们四人随父母逛百货商场时，伙伴们买了一支笔送我。礼物没有带来内心的喜悦，反而增添了别样的离愁。当时我们泪眼盈盈，这份情、这份爱，肯定比作业更重要。

有多少小秘密，是不能告诉父母的；又有多少小秘密，是小伙伴之间专有的。有多少小秘密，是一直埋藏在心底的；又有多少小秘密，是白了头才会说出来的。这些秘密、这些记忆，也一定比作业更重要。

还有许多许多比作业更重要的事，这些事又是如此似是而非、虚无缥缈，作业乃至成绩真实、有用。如何选择、如何平衡，有待每一位父母思考。

（写于 2017 年 10 月 10 日）

【亲子实务】如何对孩子进行品德教育？

文明有礼、孝敬父母、团结兄弟、广交朋友，这些品德不是学习成绩优秀便能取得的。能左右人生的不仅是学习成绩，更要看孩子的品德。重视孩子品德教育，才能让孩子在将来收获真正的成功。

1. 无条件的爱。 从孩子呱呱落地起，就要用爱来哺育孩子的心灵。单纯的物质满足不了孩子成长的需要，孩子更渴望的是心灵的哺育。真正的爱，是无条件的，是完全接纳孩子。告诉孩子，无论他怎样或做了什么，你依然爱他。

2. 正面的引导。 告诉孩子哪些是善的，哪些是恶的，哪些是应该做的，哪些是要坚决反对的。家长要做孩子的楷模，在日常生活中告诉孩子对错好坏，从点滴小事做起，不断地引导、称赞、鼓励孩子做好事，日积月累，使这些行为转变为好的习惯。

3. 良好的家规。 家庭中要制订一些规矩，全家人共同遵守，从小事抓起，坚持循序渐进、由表及里的品行教育。看到不遵守公共道德行为时，和孩子一起分析，使孩子明辨是非。在生活中磨炼意志，教孩子学会克制欲望，让孩子认识到，必须要付出努力才能得到自己想要的东西。

拓展知识　罗杰斯提出"无条件积极关心"

人本主义人格理论家卡尔·罗杰斯认为，任何人在支持性的良好环境中都有成长的能力。如果父母的爱是有条件的——取决于孩子的良好表现，那么，孩子会在强烈的焦虑中、负罪感中成长，这样的孩子没有自尊，也会产生心理障碍。罗杰斯提出，我们需要能够给予我们无条件积极关心的人，即无条件给予我们爱的人。

第5节　你要送妈妈七夕礼物

昨晚，儿子把我拉到一旁，附在我耳边悄悄说："明天就是七夕节了，你要送妈妈礼物。"

我实话实说道："情人节我都没送礼物，七夕更不用送了吧？"

"情人节是外国的节日，七夕节才是中国的情人节。"儿子解释道。

"相爱不一定要送礼物吧,平日里爸爸妈妈要相处得好一点。"

"爱就要表达出来。"(似乎觉得我以前也说过这句话。)

"这样呀!那我到时对她说声'我爱你'好了!"

"'我爱你'这句话早就过时了,现在流行送礼物!"

"啊……"我快被说服了,"那你觉得我送什么礼物好呢?"

"比如,你可以带她去看电影。"

"好主意,就我和你妈妈吗?你呢?"

"你们可以带上我一起呀!"

儿子的劝说,让我有种错觉,好像他就是另一个我。我是理智的我,而他就是感性的我。他是我的另一面,是我的镜子:我不曾意识到的东西,他用另一种方式提醒我;我性格上隐藏的缺陷,他放大给我看;我说过的话、做过的事,他都看在眼里,记在心里,然后在某个时刻展示给我看。这面镜子,督促我不断反省、不断改进、不断完善。

感谢你!感谢七夕!感谢生命中的陪伴!

(写于2016年8月9日)

【亲子实务】如何成为高情商父母?

高情商的孩子,阳光快乐,遇事不怕挫折,渴望交朋友,能管理自己的情绪,能理解他人。高情商的孩子,人见人爱,也让父母省心。要培养高情商孩子,父母就要努力提高情商。

1. 觉察情绪。面对压力、挫折、失败,我们会伤心、焦虑、痛苦,也许我们会伪装自己、会压抑情绪,然而,面对爱人、孩子时,我们的负面情绪可能会不自觉地或传递或迁怒到他们身上。家长有意识地去觉察自己的情绪，要学会管理情绪。

2. 时时反省。在人际交往中，一个能感知他人情绪，以诚相待、尊重他人的人，一定有好人缘。要做到这点，需要时时反省自己。当亲子关系出现问题时，要时时反省自己，高情商的父母会从自身寻找答案。

第6节　体贴的小动作

近日，杭州的气温突破了40℃，更要命的是，家里的空调居然寿终正寝了，这犹如将我们置于火炉里蒸烤。2010年买下这套二手房时，估算着5年后要换新房的，于是也懒得将空调换掉了。待到它罢工后，查百度才知它已服役20年。

昨日，他们娘儿俩在家里仅靠着一台电扇降温，独我一人在装有中央空调的办公室如坐针毡。儿子除了要完成当天作业，还需练习一小时吹笛，这些都是在家完成的。平日里，家里的空调大开着，儿子还是喊热，吹笛是体力活，需要有意识地吸气、换气，我们把电扇朝着他的背猛吹，他才不能以热为由逃避练习。昨天练习吹笛时，儿子和往常一样，面对书桌，摆开架式，身后一米处放着一条小方凳，凳上架着台式转页扇。妻子俯卧在书桌左侧的床上，一边指导儿子吹奏一边研究奥数，她一直是儿子的全能辅导老师，即使腰不舒服也不缺席。酷暑，没有空调，这对怕热的妻子来说，绝对是她发脾气的导火线，类似情况，我和儿子一眼就看得出来，会相应地采取应对措施。妻子停下手头的活，突然感觉到一阵阵的凉风，转过头，看到电扇原来是对着她吹的。于是，她把电扇转了一下，让风正对着儿子的背，然后又干起自己的活。不多时，她的思绪再次被阵阵凉风拉回，她转过头，发现那转页扇仍然是朝向她的。她才意识到，一定是儿子趁她不注意，悄悄转了风扇的方向。儿子发现小动作被识破了，停下吹奏，说自己一点也不热。

下班回家，妻子将这一幕告诉我时，儿子还一本正经地说，当时他真的一点也不热。无论如何，这个动作都已让我们为之感动。平时，我们觉得他有许多缺点，想方设法去纠正他，然而，再多的缺点也在这个贴心动作中化解。没有什么是比感情更重要的。我揽过儿子的腰，抱起他，脑海里却突然回想起儿子的一句话，那是前一晚散步时，儿子又要求我讲自己的亲身经历，讲完后他转头对母亲说："你应该为你的老公感到骄傲！"现在我最想说的就是这句话："儿子，我为你感到骄傲！"

（写于 2016 年 7 月 27 日）

【亲子实务】如何正确夸奖孩子？

有的家长认为夸奖孩子很简单，多说"你真棒""你真聪明""你太能干了"不就可以吗？然而，这些信口拈来的夸奖之词越多，孩子的不端行为可能就越多。

1. 夸奖的原则。 只夸奖孩子的努力，不要夸孩子聪明。比如当孩子完成了全部作业后，说他辛苦了，或者字写得很清楚，这样的评论是平常的、自然的，而夸他聪明是不适宜的。如果孩子被称赞聪明，那么他很可能不大愿意接受有挑战性的任务，因为他不想冒险而失去高分；相反，如果对孩子付出的努力进行夸奖，那么他可能对于艰难的任务会更加坚持不懈。

2. 夸奖的步骤。 第一步，我们以赞赏的口吻描述自己所看到的、所感受的。话语应该明确表明，很喜欢、很欣赏孩子的努力、帮助、体谅或者成就。言语表达中要充满欣喜和赞赏，言辞中要传达对孩子努力行为的承认、尊重和理解。可以把孩子值得赞赏的行为总结为一个词。第二步，听到家长的描述之后，孩子从中总结经验，产生积极情绪。

第 9 章 体验式教育

陆游曾有诗云:"纸上得来终觉浅,绝知此事要躬行。"意思是说,从书本上得到的学问终究是肤浅的,要想深刻而透彻地了解事物的本质,必须亲自实践才行。著名教育家陶行知主张,生活即教育。"体验教育"就是让孩子在实践中认知事物。

第 1 节 多一点体验式教育

给孩子讲大道理,不如营造一种环境或是设计一些活动,让孩子亲身体验可以称为体验式教育。

大学毕业时,我做过一段时间的人力三轮车夫,由于难为情,我专门戴了一顶鸭舌帽,怕熟人认出我。那段经历让我体验到了赚钱的痛苦和快乐,也让我感悟到体验的重要性。所以,在孩子很小的时候,我就开始带着他去各地看不同的自然景观,让他亲身去体验、感受。

有次儿子挑食,说猪肉不好吃,我便对他讲,小时候的我可是要到过年才能吃上肉，贫困山区的孩子至今还是很少吃到肉。然而，这样的说教显然是苍白无力的。现在城里的孩子很少吃苦。于是，2015年暑假，我带着儿子参加了公益机构组织的贵州支教活动，在偏远的山区住了一个星期。贵州山区的小学生平时是住在学校的，周五回家帮家里干干农活、打打猪草，周日返回学校。我们曾一起走了一回上学路，从家里到学校至少要走2小时山路，甚至有的孩子从早上9点开始走，要下午4点才能到校。他们吃的米是要自己背到学校的，吃的菜餐餐多半是韭菜和黄瓜，学校做好菜后盛在一个脸盆里，然后放在食堂外面的地上，学生们就围着这盆菜，蹲坐在地上吃。这场景震撼了我们。后来，我们就让当地孩子和参加支教活动的孩子一起在教室里用餐，同样是每餐两个素菜，孩子们轮流洗碗筷。离别前的那晚，我们做了道荤菜红烧肉，结果孩子们吃得一块都不剩。回来后，发现儿子最大的改变是能主动帮家里做家务了。

平时，每次语文课本发下来后，我会先看看课文里有哪些游记文章，然后，计划来一场跟着课本去旅行。这样，不仅让孩子记住美好篇章，更能体验真实美景。2015年的国庆节，我们去了赵州桥，事先还去图书馆借了相关书籍，了解赵州桥的建筑特点、人文典故，甚至还教会儿子唱那首以赵州桥传说为主题的民歌《小放牛》。有朋友劝我说，赵州桥不就是一座桥吗，没什么好看的，跑那么远不值得呀！其实，我只是觉得，带孩子去远行、去体验，离开原有的生活环境，看看新鲜的事物，也必将丰富孩子的生活，不同的体验能开阔心胸。对于父母而言，和孩子一起体验旅行也是幸福的。

（写于2015年10月29日）

【亲子实务】如何开展体验式教育？

从心理学角度讲，体验是"理智的直觉"，是建立在个体"内部知觉"基础上的一种特殊活动，它总是与个体自我意识紧紧相连。

1. 间接体验。 采用模拟的社会和生活，设计多个角色，模拟农场、工厂、商店等相应情景，让孩子去进行间接体验。也可以去专门的机构体验。

2. 直接体验。 让孩子克服困难去完成有关"使命"。如到农场、工厂、商店体验生产生活，在亲身参与中感悟生活。去各地旅游，欣赏不同风景，品味民族异同，感受文化碰撞。

第 2 节　行万里路

春节没能参加高中同学毕业 20 周年庆，却在今天上班时收到了毕业纪念杯。

望着这个杯子，思绪一下子回到了 20 多年前。那时，我在班里年龄偏小，心智发育也不成熟，活在自己的世界里，在同学眼里或许是属于个性很强的另类。现在感悟到，过早读书的弊端很明显，就如在一片高低相差不大的树木组成的树林中，有一棵树木特别低矮，与周边的树木因差距而缺少共同的话题。

心理学指出，男孩发育早能增强他的自信心，女孩发育早反而会因为要掩盖身体的变化而变得自卑，反之亦然。

就拿我来说吧，有一件事印象特别深刻，在高中毕业留言册上，一个后排的女生留言道：高中三年，你我都没讲过一句话。现在反思，是我胆小不敢与漂亮女生讲话。其实，我们这一生遇到的人、事、物，都能成为一面镜子，让我们更好地认识到自己。

上大学后，我决定改变自己。经过一年的勤工俭学、省吃俭用，我攒了800元钱，然后在那个暑假里，为了锻炼胆量而去交陌生朋友，我开始了人生第一次独自远行。自此，我开始慢慢走向成熟。

之后，我终于理解了读万卷书不如行万里路的意义。也正因为此，当我有了自己的孩子后，我不再把成绩当作培养成才的唯一指标，我更关注孩子在社会交往方面的能力，更愿意带着他走南闯北、丰富阅历，正如网红辞职信所言："世界那么大，我想去看看"。

2010年，桐到杭州上学后，胆子大了，见识长了，特别是2011年从北京旅游回来后，确实有"走的地方越多，见识越广"的感受。于是只要有空，我就带他旅游，每年寒暑假一次国内或国外旅游。我将他去过的地方都在地图上标注出来，他也觉得有成就感，目前已走了17个省，出了1次国。

另外，我尽可能多地带他参加一些社会活动。有一次，我们报名参加了"龙游汽车拉力杯"2013寻找浙江省运动休闲旅游达人活动，最后居然列居前十名。活动拍摄中，桐桐把我给他准备的台词背得很熟了，他在采访中说：

> 4岁时爸爸带我去北京玩，第一次坐在飞机上看白云。爬长城时，旅游团里其他人都是坐缆车上去的，但爸爸说只有爬上长城才能算好汉，爬得很累很累，好几次我都要放弃了，爸爸就鼓励我，边爬边和我玩打怪兽的游戏，不知不觉就爬上了好汉坡。以后，每当碰到困难，爸爸就对我说，我是爬过长城的人，这点困难算什么。
>
> 后来，爸爸就带我到处去旅行，去海边玩沙子、去延安住窑洞、去草原骑马。爸爸说：走的地方多了，见识就广了。

爸爸经常带我爬山，5岁时爬黄山，6岁时爬淳安金紫尖、仙居公盂山，爬金紫尖那次还上了《钱江晚报》，因为那次海拔最高、路途最远。爸爸说爬山可以让我成为坚强的男子汉。虽然爬山很累，但很开心，我还认识了好多驴友。

爸爸还带我去骑行、漂流，参加"爱在后备厢"、捡垃圾环保活动，我要像爸爸一样，做个热爱运动、热爱生活的男子汉。

（写于2015年4月20日）

【亲子实务】如何让孩子在旅游中得到锻炼？

外出旅游对孩子的成长十分重要。"百闻不如一见"，很多知识唯有让孩子亲自去观察，亲身去感受，才会理解得更深刻，掌握得更牢固。

1. 行前准备。出发前先打"预防针"，告知孩子可能遇到的诸如饮食不调、舟车劳顿、承担任务等状况，明确一定的规则。做好分工，要让孩子承担一定责任，如准备小旅行包，让他尽量自己收拾行李，全程自己拿包，培养孩子的独立意识。

2. 事事参与。不要大包大揽，要让孩子参与目的地的选择、旅行图书的借阅、行程方案的制订、途中交通的引导等事宜。对沿途的地名、风景、特产等新鲜事物，要随时告之。

3. 吃苦精神。旅行中会遇到新的考验和挑战，鼓励孩子积极思考、应对。如冬日游长白山，孩子怕冷说沮丧泄气的话，可以说："旅行不是享受，是体验别人的生活，要做好吃苦的准备，先苦后甜，零下30℃能熬过来，回家后零下3℃就能轻松应对。"

4. 不攀比。旅行的意义不是走马观花，不是炫耀攀比，不是上车睡觉下车拍照，不是为享乐。旅行的意义在于探索、体验、学习。坚守自己的旅行意义，不攀比，假如孩子问为什么不坐动车一等座，就告诉他二等座经济实惠。

第3节 用心陪伴

小区附近有一家公司搬迁后，留下了一片废墟。这天晨练，在路的尽头，我们看到废墟中种了好多青菜，必是周边勤劳的居民废地利用，将之开垦成了自家菜地。地图显示，穿过这片废墟能抵达康桥镇独城公园，我们决定冒险一试，结果，不仅成功找到独城公园，还意外发现一段废弃铁轨。桐兴奋地大叫："我最喜欢火车了，我们就把这里当作冒险乐园吧！"

向来不愿拍照的桐，这次却主动要求当模特，连铁轨、信号灯、鸣字牌这些景物都拍下来了。

我们正在铁轨上一字摆放着小石头，突然听到远处传来火车呼啸声。桐立马站起身，面向高架桥，像一尊眺望远方的雕塑，待到火车头出现在视野，他猛地一跺脚，神采奕奕地嚷道："耶，是复兴号耶！"又问道："我们现在有和谐号和复兴号了，那以后还会有复强号吧？"

很小的时候，桐就宣称自己为火车控。那时住在大关小区，附近有个江墅铁路遗址公园，一台蒸汽火车静静地卧在铁轨上，桐来这里总是流连忘返。1907年建成的江墅铁路，是浙江省第一条铁路，开启了浙江铁路新时代。100多年前，当蒸汽带动火车，与京杭大运河里的航船并驾齐驱前行时，是怎样一种盛况呢？

杭州还有一处既能看到蒸汽火车又能乘坐绿皮火车的地方，那便是城南的白塔公园。住在城北的我们，特意去了几回，满足了火车控儿子的愿望。再后来，火车控儿子终于有了第一张属于自己的火车票，标志着他的身高有1.2米了。有一次，是儿子和3个小朋友一起坐火车跟着课本游瑞金，实地参观小学一年级语文课《吃水不忘挖井人》中的红井。他们坐火车的那份喧闹、兴奋、快乐，深深地印刻在我心里。

"火车控"不但坐过蒸汽火车、绿皮火车、动车、高铁、磁悬浮列车，还在火车道口"工作"过。那次，我们骑行去余杭瓶窑，在石濑站道口，体验了一次道口员工的工作。

桐曾告诉我，他长大了要当个火车司机，这样就能天天见到火车了。我说，好呀，那就为之努力！

将来的事，谁知道呢？唯有把握现在，立足当下。你的父母，就在这里——冒险乐园，在你的童年记忆中画上美丽的一笔。

（写于2017年12月18日）

【亲子实务】如何教孩子学会观察生活？

"见到没见过的"和"长了见识"不能画等号。走马观花式的旅游，没有对生活的观察和思考，还不如在生活中学会观察更长见识。比如一元人民币硬币的背面是什么图案？路口竖排红绿灯哪种颜色的灯在最上面？

1. 调动感官。 观察与感受事物，教孩子用眼睛看形态、耳朵听声音、鼻子闻气味、舌头尝滋味，以及其他"躯体觉"（压觉、痛觉、痒觉、振动觉、平衡觉、运动觉等），这样感知的外部世界才具体生动。

2. 掌握方法。观察事物的整体，或重点观察事物某一部分，或和其他相关事物进行比较观察，或长时间对某一事物跟踪观察，或定期对某一事物连续观察。观察时既要看见别人看见的东西，还要去发现别人看不见的东西，这样才能有所收获。

3. 结合思考。只有思考才能上升到理性层面，由表及里地认识，由此及彼地联想，这样的生活才有深度。如通过观察区分火车、动车、磁悬浮列车，认识不同的动力原理，引导孩子往时代变迁、科技发展的深度去联想、去思考。

第 4 节　放慢生活

吃和玩都是孩子的天性，我记忆中最美的味道都在童年，尤其是自己亲手做过的美食，比如过年时自家做的冻米糖、上山采摘乌米树叶煮的乌米饭、用面粉揉捏制成的猫耳朵……尤其记得做冻米糖，起锅后被父亲放进四方形的木框里，再用方形的棒子使劲压实碾平。有几回父亲还让我光着小脚丫，整个人站在冻米糖上面，用脚去踩平它。等到两面都碾得结结实实了，就把木框取下来开始切。父亲一边切，我一边吃，那份香甜的味道永远定格在童年的那一刻。这就是饮食文化的传承魅力！

初中课本里，曾学过刘绍棠写的散文《榆钱饭》。作者通过亲身经历，描写了旧社会常吃榆钱饭、十年动乱中又吃榆钱饭、三中全会后却难得吃榆钱饭，通过三代人孩提时代的不同命运对比，回忆过去、展望未来。

榆钱营养丰富，还具有健脾益胃、清热安神、杀虫消肿、止咳化痰的功效。但真正认识榆钱树的人并不多，吃过榆钱饭的更是少之又少。所幸的是，我们家属于少之又少的这部分，这皆归功于聪明伶俐、心灵手巧的爱人。

有一天，爱人在单位听到一个北方同事提到近日吃榆钱饭的事，晚上一家人散步时，不经意地发现小区旁的拆迁地里居然耸立着四棵榆钱树。这下子，动手能力强、喜欢尝试新事物的双子座爱人可不会放过这个好机会，于是她带领着我们采摘了一小袋，并且在第二天将它变成了一道菜：榆钱炒鸡蛋，儿子品尝后直嚷着再来一份。隔天，我们干脆扛上小梯子，来了次大扫荡，满载而归。然后，我们不仅吃上了榆钱炒鸡蛋、榆钱炒肉片，还吃上了课文里提到的榆钱饭，拌上辣椒或蜂蜜更是口味独到、鲜美。或许，这份味道也会定格在儿子童年的记忆里，他一定会记得父亲站在梯子上采摘榆钱叶、母亲一片片清理榆钱叶、一家人品尝榆钱饭的温馨画面。

如果生活中，父母和孩子一起多挖掘食文化传统，多亲手制作美食，留下的美好回忆、收获的幸福一定会很多很多。

（写于 2016 年 3 月 29 日）

【亲子实务】如何让孩子体会慢生活？

许多家长在望子成龙、望女成凤的期盼中，让孩子在各种培训班之间马不停蹄地赶场，却从未真正思考过，孩子到底需要什么？慌慌张张地和别人赛跑，每天都是紧张的节奏，孩子如何能发现生活中的美？

1. 放松心灵。有意识地放慢生活的脚步，让疲惫的身心得到放松，在工作与生活中找到平衡的支点。静下心来，不比房子、不比票子，过过悠闲惬意的"慢生活"，工作再忙但心不忙。这种积极豁达的生活态度，将深深影响孩子，让他活得坦然、快乐、健康。

2. 静待花开。成长是缓慢的,教育孩子不要过于担忧,不能求一时的速度与效率,不以当下的表现评断孩子,尊重孩子的个体差异。不要求孩子按照我们的节奏来做事,让孩子用自己喜欢的方式玩耍、做事。

3. 放慢生活。找回被工作挤占的业余时间,体验悠闲的生活方式。生活中不是缺少美,而是缺少发现。如约上伙伴爬山、钓鱼、放风筝、自驾游;跟某个家庭互换孩子,让孩子体验一下坐当地公交,逛当地集市;回到老家,去村里小河游泳抓鱼,在门口老树下打盹。

第5节　战胜恐惧

电影名《杀破狼》是什么意思?百度后才知:杀破狼乃七杀、贪狼、破军三星合称,最早见于《易经》,是紫薇命盘中的一个格局,在命理学中,杀破狼星系是命运转变的一个枢纽,表示着动荡和变化,有此命格之人一生漂泊,大起大落,却有着一举成名的英雄本质。

《杀破狼2》剧中一句台词让我印象深刻:相信的话,就继续走下去吧,老天不会玩我们的,终有一天,回头想想你就会知道,错的事,只会在最对的时候发生。多有哲理的一句话,生命中发生的每一件事情都有意义,困难、艰辛、挫折,都是让我们获得丰富经历的礼物。这并非屈服于宿命论,而是鼓励人们直面困难,从而战胜恐惧。

影片中有个泰国小女孩,患病让她害怕,象征着恐惧情绪的那头狼出现在她的梦境,但是,梦中的狼只是假象。我们在遇到困难的时候,往往会因内心的恐惧将困难放大,当凶神恶煞的狼在现实中出现在泰国小女孩面前时,她不得不直面它，最后索性躺倒在地，看狼能把她怎么样，这时候的她，已是全然地接受了现实。

　　生活中会遇到困难，我们内心会恐惧。如果认为人生本该既舒适又顺利，那么一旦痛苦来临，我们就会牢骚满腹、怨天尤人，把自己看成世界上最不幸的人。于是产生恐惧，不敢勇敢面对困难，而是尽力逃避困难。就拿我自己来说吧，前几天我看到爱人训斥孩子时的焦虑神态时，便担心会将这种焦虑传递给孩子，从而影响到他今后的生活模式。然而，今后的事并未在此刻发生，那么，这份担心不也是对将来的恐惧吗？这份担心不也是一种焦虑吗？当家长对孩子吼叫、发怒的时候，其实是不敢面对内心的恐惧，担心孩子将来学习成绩不好，将来养成不好的习惯，将来……然而所有这些将来不是还没发生吗？相比较开心地和孩子相处，这吼叫、发怒真的值得吗？

　　当我们都能够直面困难的时候，会发现战胜恐惧不仅使人变得强大，而且还让我们向成熟迈进了一大步。同样，孩子恐惧、害怕、胆小时，要认识到那是孩子的一种过度自我保护，所以，父母首先要接纳并允许孩子的胆怯，不能言语攻击孩子："你就是胆子小！"也不能当众指责孩子："你看谁谁比你胆子大。"那会让孩子更自卑、自暴自弃，甚至丧失战胜恐惧的动力。

（写于 2015 年 6 月 24 日）

【亲子实务】如何教孩子直面困难？

　　面对困难，面对挫折，每个孩子都会产生痛苦、焦虑、恐惧等情绪。家长要让孩子学会，在克服困难中成长。

　　1. 学会爱。永远不要威胁说要抛弃孩子。孩子最大的恐惧是父母不再爱他并抛弃他。不管是开玩笑,还是愤怒当中,都不要警告孩子说他将被抛弃。比如:商场购物结束时,孩子拖拖拉拉,别冲他喊:"你再不过来,我就把你丢在这儿。"孩子有安全感,才会去感受爱、学会爱。

2. 学会哭。发现孩子处于痛苦当中,首先应该帮助他把心中的负面情绪表达出来。家长可以对孩子说:"大哭一场是治疗痛苦的好方法,咱们以后的困难可能会更多,但不要怕,在这儿你尽管大声哭,只要别人看不见,就等于咱没哭。"

3. 学会变。孩子成长的过程,本来就是一个不断摔倒再爬起来的过程,从中学到知识、经验和勇气。比如,数学考试考砸了,家长可以对孩子说:"一切困难都是暂时的,都是可以改变的。你今天考砸了,刚好暴露出没有掌握的知识点,只要巩固这些知识,下次期末考就不会犯同样的错误了。"

第 10 章 吃苦教育

说教往往是苍白无力的,只有亲身体验才是最有力的说教。为此,我报名参加了第九世界公益俱乐部组织的亲子夏令营,决定带儿子去贫困山区体验生活,赴贵州省从江县加勉乡寨坪小学开展一周的互助活动。领队马老师说:身体和灵魂必须有一样在路上。只有在路上,我们才会有经历,才会有收获;只有在路上,才能看到远方,看到希望。对于缺少吃苦教育的城市孩子来说,这次活动让孩子懂得珍惜、懂得感恩,更加热爱生活。

第 1 节 让体验成为一种生活方式

由家长陪同的 11 名小学生、1 名初中生,以及担任志愿者的 3 名高中生,踏上了贵州之行。离开优越的城市生活,住进偏远的山区苗寨,他们将会有什么体验呢?又会有什么收获呢?

加勉乡是贵州省贫困乡镇之一,有一部分群众没有接受过九年义务教育,大量劳动力滞留在有限的土地上,传统的"水稻玉米+养香猪"模式是全乡群众的生活支柱，人均年收入500元。寨坪小学是加勉乡两所完小之一，在校学生有200多人，有的学生从家里要走两小时以上才能到校。很多家长选择外出打工，因此留守儿童问题日益突出。学生大多是苗族人，个个具有能歌善舞的天赋。由于长期接触不到外人，他们不知道城里人是啥样的，正如我们这些城里娃不知道山里娃是啥样的一样。而这次夏令营，最主要的就是让他们能互动融合、增进了解。

刚接触公益的人，往往以为公益就是献爱心，比如捐钱捐物。虽然寨坪小学的孩子的确吃得很简单，每天吃的菜多半是韭菜和黄瓜，但他们真正缺的不是吃、穿，而是父母的陪伴。缺少来自父母的温暖，学校成为他们和同伴相互嬉戏的天堂。白天，他们追逐打闹、赤着脚打球；傍晚，他们翻山越岭，徒步回到看着近、走着远的山那边。再看城市里的家长，想方设法给孩子创造优越的教育环境，悉心陪护。这是怎样的鲜明对比！2014年活动结束时，孩子们整夜睡不着觉，最后哭着相拥告别。做公益，捐钱捐物不是首要的，这份友谊、这份真情才是孩子们最需要的，让爱在孩子们的内心流动才是最可贵的。

随行的家长以妈妈们为主，她们来自各行各业，彼此间互不认识，为了丰富节目，妈妈们做了大量的前期准备工作，有的自学剪纸插花，有的自购放映设备；30多人的队伍中，仅3名爸爸，他们是此行搬运等重体力活的不二人选。陪着孩子远足，他们将遇到什么挑战呢？又会有什么感悟呢？

离开原有的生活环境，有新鲜的刺激，也能丰富精神生活。身体还是灵魂的居所，不同的体验会促进灵魂不断成长。古人有易子而教，这种互换生活就是一种体验式教育，这种亲身体验触动灵魂，让孩子终生难忘和终身受益。

丰富多彩的经历是一种重要的学习方式。李彦宏考上北京大学后开始厌学，父亲让他去火车站卖冰棍体会生活的艰辛，终于使他明白了父亲的良苦用心。

马云高考落榜时，父亲让他蹬三轮给杂志社送书，并教育他：你每天踩20多公里来回都不累，为何不能重走一遍高考路？父亲的话让马云下决心重新参加高考。我自己也做过一段时间的三轮车夫，那是1999年，刚大学毕业，为不遇到熟人，我还故意弄了顶鸭舌帽盖住自己的脸。这次经历让我感悟到体验的重要性。

现在，我将这种感悟践行在亲子教育上。儿子两岁起，我开始带着他去宁波象山看海、去黄山登山、去东北雪乡赏雪、去希拉穆仁草原骑马、去金沙湾沙漠滑沙、去尼泊尔感受异域风情。

带儿子去远行，并非为了期盼他将来有多优秀？只希望不同的体验会促进他身心成长。对于我而言，和所爱的人一起体验当下是最重要、也是最幸福的。

（写于2015年7月18日）

第2节 一路跋涉来到寨坪小学

2015年7月19日抵达贵州省从江县

11：20　经过17小时的火车，到达桂林北站。

13：30　包车前往贵州省从江县。

14：50　中途在广西临桂县停车吃饭。

17：00　途经广西三江侗族自治县，6小时的颠簸路考验着孩子们，晕车的孩子吐了又吐，却仍坚持着！

19：30　过了两省交界牌就是从江县城，入住酒店。

20：40　卸完行李货物，终于能美美地品尝这里的特色菜，饭后分配了第二天的采购任务。

2015年7月20日抵达寨坪民族小学

7：00　酒店早餐有稀饭、馒头，还有贵州的特色米粉。早饭后，分别去菜市场采购一星期的柴米油盐，去超市采购棉被等生活用品，去五金店采购搭建厕所的材料。

10：00　满满装了一车子，出发前往加勉乡寨坪民族小学。

14：00　山路十八弯，4个小时后，大巴车终于进入加勉乡地段，翻了两座大山。加勉乡到寨坪村的道路正在修建中，大巴车进不了，只能送到三岔路口。寨坪小学校长，早就派了三辆小面包车和一辆拖拉机在路口等待。但车子仍然容纳不了这么多人和东西，一部分人便在路口等下一趟车，顺便和村里的大妈唠唠家常。

15：00　第一眼见到寨坪小学，感觉学校条件还是挺好的，不像想象中那么破旧。这里的老师马上告诉我们，学校可以无线上网。

学校食堂还是有点简陋，我们将买来的菜也堆放到食堂，将猪肉切块放入冰箱。无论大人还是小孩，无一例外地忙开了：有搬运行李的，有清洗凉席的，有打扫卫生的，团队间配合默契。

热情的寨坪小学生也过来帮助我们，就好像家里来了客人一般。孩子们之间很快就熟识了。胡爸爸是第二次来这里了，他能叫出好多孩子的名字，这些孩子也仍然记得他。他摸摸孩子们的头，说一点没变嘛！而我却是希望孩子能够长得更高！对于正长个头的孩子，每天只是吃韭菜、黄瓜等，营养怎能跟得上呢？

学校派了拖拉机来接我们

当地学生帮忙打扫

学校教学楼和寝室是没有厕所的,唯一的厕所在村委会旁边,并且看起来快塌了。今天团队要完成一项基建工程:建造一个简易厕所。众人齐心协力,经过一下午奋战,终于顺利完工。

18:30　团队里的大厨也烧好了饭菜,小朋友们摆好了餐具,这是在寨坪小学的第一餐。按照活动分组有序入座,虽然只有3个菜:黄瓜炒肉、番茄炒蛋、炒土豆丝,而且量不多,领队说今天晚餐主题是:饭管饱,菜省着吃。

这些天的洗碗工作,由小朋友们轮流完成。不论年龄、不论男女,一视同仁。唯有付出,才能有收获,忙忙碌碌的现代人,又有多少人能明白付出即得到这个道理呢?

19:30　饭后的例会时间,大家一起讨论第二天的活动安排,每个人还要写一篇日记。这些认真书写的孩子们,他们会写些什么呢?

唯一的公厕

团队建设的简易厕所

第3节 开营仪式

半夜在呼噜声中入睡,凌晨4点多在鸡啼声中醒来。寨坪小学的第一觉基本上是处于半梦半醒之间。学校有个浴室,只是水压不够用不了。负责后勤的妈妈们烧了些开水供大家洗漱,但只够简单地擦洗一下。许久没有住集体宿舍了,昨晚大家都体验了一把。学校为我们腾出两间学生宿舍,我们12个男士一间,17个女士一间。躺到床上,才发觉床不够长,像我1.71米的个子,斜着仰睡也会踢到挡板。

6:00 后勤组一大早就起来给大家做早饭。学校施工队也一大早就开工,这是给 15 位在校教师建单身宿舍，可见政府对教育挺重视的。因为施工停水，大家便直接到施工场地接水洗漱。

8：00 早饭后，翻看孩子们昨晚写的日记。字里行间，记录着其他人的闪光点。对孩子们来说，潜移默化是一种很好的教育方式。

9：00 结对的小伙伴们坐在一块，主动、大方。当开始发放营服时，面对这么多的摄像头，他们不由得害羞起来。孩子们很有礼貌，在楼道遇上，总会叫声老师好。我发现，这里的孩子也是讲普通话的。

10：00 换上营服，三名高中生担任队长，分别带领队员开始排练队名、口号、队形，下午将举行游戏比赛，这既可锻炼高中生的组织协调能力，也是锻炼小学生的团队协作能力。

12：00 最辛苦的莫过于后勤组所有成员，做完早餐接着准备中餐，吃完中餐继续准备晚餐。这让我联想到四世同堂的大家庭，主妇们的大多数时间估计都用在做饭上。

15：00 每个人在营旗上签上字后，夏令营开营仪式正式开始。

接下来是三个小队的游戏比赛，共九个小环节。游戏让彼此更加融合，让友情得到升华。当第二队分数落后时，一名 11 岁的小朋友鼓励队友：现在分数落后，并不代表后面分数得不到；不管输赢，都要开心。多正能量呀！

纪伯伦说：在友谊里，不用言语，一切的思想，一切的愿望，一切的希冀，都在无声的欢乐中发生而共享了。今天的游戏，无论是城里的孩子，还是大山里的孩子，都在欢笑中播种了友情、希冀。

19：30 晚间例会，举行"优点大爆炸"活动，小队员们赞美他人的优点，取长补短，不断完善自己。

（写于 2015 年 7 月 21 日）

第4节　我们给寨坪带来了什么

昨天团队里有两个人生病了，领队扁桃体发炎，烧到39℃，幸好有乡村诊所，经医生诊断后立刻输液治疗，还有一个妈妈咳嗽严重，吃药后已好转。

一大早，领队就将昨晚一个高中生写的日记发给我们，让我们阅读后开会讨论。

一个高中生总结了这几天在寨坪小学的所见所闻，写了这篇令人深思的日记。为此，所有家长就此话题展开了反思、讨论。

金同学日记

我们到底为这里的孩子带来了些什么，这是个值得深思的问题。我们认为自己出于乐于助人甚至是乐善好施的心，做了很多对孩子们有益处的事，但其实最终的结果可能与我们的希望存在天壤之别。

有不少孩子其实对我们的到来抵触甚至是反感。第一天就有孩子对我们说出了充满敌意的话，我们洗澡用的泉水，因为被人故意投入其中的朽木、石块与肥皂而白白倒掉……我们没有做错什么，但实际上却可能伤害了他们。孩子们的心灵是美丽的，也是易碎的，一些不经意的举动就可能牵动他们敏感的神经。

"你们为什么要拍我们的照片？""你们为什么要来这里炫富？"这些看似不可思议的问题，实际上反映了我们之间存在的一些隔阂。我们生活在完全不同的环境中，想要真正的理解是非常难的，我们不能先入为主，将自己的想法强加于他们，更不能将自己定位得高高在上。实际上，我们的到来为他们平白增添了很多的不便，剥夺了他们不少的权利：比如先洗碗的权利、先洗漱的权利，等等。有些杭州的孩子可能在家里不是非常注意,在与当地孩子的相处中会争,甚至缺乏一些尊重,这样对当地孩子反而是一种伤害。

家长反思

这几天,一直处在忙乱当中。忙于洗澡、洗衣服,占用了这里孩子的一些资源,给他们的生活带来了不便;忙于照顾自己的孩子,留给自己思考的时间不多。从昨天的游戏效果来看,只要多让孩子们一起玩,他们会很快成为朋友。即使孩子们之间出现一些矛盾,只要家长们及时引导即可,家长要多旁观,少干预。

马队长提出3点意见:一是千万不要抱着我们是来帮助他们的心态,只要能达到融合的氛围即好;二是情字当先,多付出感情,当离开的那天你们有依依不舍的感觉,就说明你们确实付出了真实的感情;三是雪中送炭,对于生活非常困难的结对对象,可以给予一些经济上的帮助。

学生活动

今天,孩子们分组开展"我教你学"课堂活动,内容有制香囊、画折扇、蜡笔画、折纸花、做面具、刮画等。

（写于 2015 年 7 月 22 日）

第 5 节　小龙的一天

小龙是一个 10 岁的三年级男孩,加勉乡污俄村人。父亲 42 岁、母亲 30 岁,均在外打工，帮人种桉树。小龙还有一个 7 岁的妹妹。小龙的一年级是在污俄村完小就读的，二年级开始来到了寨坪小学就读，寄宿在学校，小龙的父亲会在每个周五骑着摩托车来接小龙回家，周日再送回学校。有时候，小龙也会跟着同村的同学一起走山路回家或上学。

6：30　小龙很早就起床了，然后和同学们打打篮球，或者在旁边看别人打乒乓球。小龙没有吃早饭的习惯，寨坪小学的孩子都是不吃早饭的。我问小龙饿了怎么办？他说饿了就随便吃点东西。小龙这两天住到其他同学寝室去了，他的寝室匀给我们用了。

在夏令营的课堂里，小龙并不怎么说话，基本上是问一句答一句。小龙和寨坪小学的其他孩子一样喜欢打球，而且打得不错，还喜欢画画。在课堂上，小龙和寨坪的其他同学都非常认真，这是很多城市里的孩子所欠缺的。

课间，小龙在来支教的"小老师"的指导下，认真学习吹笛子。

小龙在学校里吃的菜以韭菜、黄瓜为主，米是要自己从家里背来的。

昨天晚上开始，家长及时改变方式，邀请当地孩子与我们的孩子三餐同吃，而家长们都蹲到厨房里去吃饭了。

8：50　今天的活动是"同走上学路"。我们分成三组，要去 10 个学生家里走访。我们跟随着小龙走路去他家，看看他的上学路到底是怎么样的。不巧的是，早上突然下起雨来，小店的雨伞被我们抢购一空。

下雨天，路非常不好走，有些地方还时不时会塌方。不多时，鞋底便沾满了泥土，走起来非常沉重。寨坪的孩子真的好懂事，他们个个主动要求帮我们背背包。我们说不用了，他们还是强烈要求。有个孩子说，这点东西对他们来说很轻松的，他们经常背几十斤重的大米到学校呢！

半小时后，我们来到一处瀑布前，踩着水过去，鞋里都进水了。

泥泞的山路

一路上的风景迷住了我们：山顶上，雾气不断地弥漫，我们好似在腾云驾雾；山脚下，种着水稻的梯田，犹如一幅美丽的立体画。

10：50　走了2小时，终于能看到一些用来养香猪的木屋了，意味着马上就到村里了。

村口，挖土机正在工作着。村民说，这里正在建设10多户新房子。以前，他们住的都是像养香猪那样的木屋子，现在新农村建设，都集中到一起建房了。

这些房子，一层是用砖块搭建的，二层仍然是木头，冬暖夏凉。

终于到了小龙家。小龙父亲刚好在家，热情地出来招呼我们。这几天我们碰到的乡亲都是如此热情好客，对他们说一声"你好"，他们便说"来了"，就像是之前约好的客人来了一样。小龙家里墙壁上贴满了奖状，可见小龙非常聪明、勤快，他还是班里的劳动委员。我们互留了电话并合影，希望小龙能来杭州，希望能带小龙去看看西湖、看看外面的世界。前些天，一位老师给学生讲了个历史故事，学生便把老师拉到世界地图前，请老师将故事中的国家指出来，他们是多么期望能去看看外面的世界呀！

中午吃了我们自带的玉米棒、鸡蛋，返回学校仍然是2个多小时的山路。这次我们家访的学生住得都不算很远，有位当地学生说，他从早上9点出发，要下午4点才能到校。

同行有位小女孩穿着凉鞋走山路，凉鞋底本身就薄，今天一走鞋底坏了，回去换鞋换来的却是奶奶的球鞋。

寨坪的孩子，或许物质上没有城里孩子那么优越，但他们聪明、好学、勤奋、懂事，只要给他们一个优秀的平台，他们必能飞得更高！

（写于2015年7月23日）

第6节 情谊永长存

2015年7月24日 联欢晚会

一个项目的成功，总离不开背后一个强大团队的共同付出。

6：30 当过潜水兵的胡爸爸，是团队里的伙夫头，每天率领着妈妈们，负责近60人的伙食。

8：30 今天的美食DIY活动是教当地孩子包饺子、做寿司。吃过早饭，团队就开始做准备工作了。黄妈妈正在准备包饺子的韭菜馅，她是名体育老师，也是团队的出纳，肩负保管团队共有资金的重任。徐妈妈是团队的会计，负责

第 10 章 吃苦教育

及时记录、公开账目。朱妈妈正在宣布纪律,她负责团队活动。

我们的马领队年轻、帅气,常常亲自给孩子们剪手指甲。领队责任大、任务重,为整个活动付出了很多心血。马领队每年都会来寨坪,前两天生病,还不忘安排活动细节。

正在擀面的严妈妈是团队的摄影师,摄影虽然是她的业余爱好,但拍的照片却是专业水准。在这次活动中,"第九世界"采用了很多她拍的照片。她还带来了电影放映设备,每晚给孩子们放一部大片。边妈妈、姚妈妈在指导孩子包饺子、做寿司。

11:00 周妈妈搬运柴火,准备开始烧火。金妈妈成功点燃灶火,她非常好学,出发前还专门拜师学艺,学了折纸花的手艺来教这里的孩子。姚妈下饺子了,她是团队的医护人员,在活动中,队员偶有皮外伤,都由她负责处理。

12:00 开饭了。小队长给大家分发中餐。

12:40 饭后并不得闲。来自桐乡二中、杭二中的 3 名高中生,是亲子组三个小分队的队长,负责孩子们的活动秩序、通讯报道、照片整理、会议记录、晚会策划、节目排练。现在,他们又在开会讨论今晚上的联欢晚会了。

叶妈妈是趣味运动会的主持人,也是今晚联欢晚会的总导演。烈日下,她还在一遍又一遍地排练节目。没参加排练的人员一起搭建舞台。孩子们也过来帮助吹气球。家长团太厉害了,气球拱门做得真是太漂亮、太给力了。胡妈妈是第二次来寨坪了,既教孩子制作 baby 兔、跳舞,又负责调研走访,还配合节目排练。谭妈妈是"我教你学"活动策划者,课上完成的面具、兔子、扇子全成了晚会的道具,学会的歌曲、舞蹈成为晚会的经典节目。

18:30 最后一次彩排。这里的孩子们都很喜欢跳舞,虽然没有人专门教他们。第九世界送来的这些大大小小老师,给孩子们带来了欢乐。已经退休的姚老师笑呵呵地问:"去年来教跳舞的丁丁老师有没有来呀?"

舞台搭起来了

19：00　开始化妆。

19：30　晚会正式开始。几个互动小游戏迅速让场面气氛升温。周边的村民纷纷来观看。

让我们来看看有哪些精彩的节目吧？开场舞《小苹果》，只学了两天就上台了哦！

舞台灯光是由摩托车大灯、手持电筒组成的。无线话筒是欧校长亲自组装，将学校广播室整个搬下来的。

桐表演的是竹笛《紫竹调》。T台秀《飞扬在苗寨》，引来一阵又一阵的叫好声。最后一个节目是大合唱《明天会更好》。之后，孩子们与村民一起跳起了兔子舞，场面热闹非凡，活动十分成功。小沈一人抱两个孩子，祝贺演出成功，之后他自己也被高高抛起。联欢晚会虽然结束了，但情谊却永长存。

2015年7月25日　割猪草

6：00　今天是待在寨坪的最后一天，明早即将回程。很早就有人起床了，估计很多人和我一样，还沉浸在昨晚晚会的气氛中。凌晨1点，我们的摄影师还在工作。

9：00　今天的活动是"你教我学干农活"。大家出发了，跟着孩子上山割猪草。寨坪几乎家家养香猪，割猪草便是苗族孩子常做的家务事。而城里孩子，有多少人能主动为家里分担家务呢？

背上篓筐，穿过田间地头，爬上小山坡，这里有许多猪草。寨坪孩子手把手教浙江孩子，辨别哪些是猪草。每次带孩子参加活动，我都会和儿子约定一个学习任务。这次到贵州来学什么，我和儿子的约定是学"认真"二字。当地孩子的认真，给了我们最好的示范。满载而归，收获的不仅仅是猪草，还有对劳动的深刻认识。

今天和寨坪孩子最后一起就餐的时光，是一起吃20斤重的香猪。

18：00　孩子们举杯祝福，家长们也举杯道别，感谢缘分让我们聚在一起。

19：30　召开闭营仪式。团队每位成员表达感谢的话语。马领队向所有小朋友颁发活动证书，希望他们在本次活动中成长，更能将爱的接力棒传递下去。

每个人在这次夏令营都学到了很多，对感恩有了更深刻的体会。感谢我们遇到的每个人，他们都是我们命运的恩人，是他们将世界变得丰富多彩，让我们用爱拥抱命运，有爱的地方就是天堂！

2015年7月26日　别了，寨坪

车子慢慢驶离学校，窗外是一双双挥动的小手，别了，孩子们，别了，寨坪。

蜿蜒的山路好似一条丝带，缠在大山的腰间。耳边响起歌曲《美丽的神话》，将我的思绪从美丽的风景中拉回，"你我之间熟悉的感动，爱就要苏醒，万世沧桑唯有爱是永远的神话，潮起潮落始终不悔真爱的相约"。看这部电影时，最感动我的是玉漱公主为爱守候了数千年，这份爱的坚贞与执着让我落泪。来寨坪，不正是因爱而来的吗？抛开世俗，与孩子们朝夕相处，爱的体察更加深刻。只有静下心来，才能觉察到内心深处的爱。当我们忙于工作、忙于生活时，没有时间与自己的内心对话，爱也因此蒙上了灰尘。

离别就在此刻，依依不舍的不仅是孩子们，还有大人们。寨坪村生活的这些天，仿佛是在桃花源，犹如一个美丽的神话。

再见了，寨坪的孩子们！虽然我们身在两地，但我们心在一处。

再见了，浙江的队员们！虽然我们回到了各自的生活轨道，但我们从此会彼此牵挂。

第 11 章　正确管教孩子

孩子能不能责罚？心理学上认为：长期的责罚会影响孩子的心理健康与人格成长。但是，偶尔的责罚是必须的，因为它是一种抗挫折锻炼。十之七八的鼓励，十之二三的责罚，有利于塑造孩子健康的人格。下列情况不能打骂：亲子关系不好时，越打越疏远，越打越逆反；孩子受到挫折和委屈时，千万不能责罚，否则雪上加霜；孩子内向、敏感时，打骂会加重孩子的压抑；女孩子处于青春期时，打骂可能会导致孩子出现受虐倾向。

第 1 节　"鼓励"还是"批评"？

亲子教育中，对孩子以表扬、鼓励为主，还是以说教、批评为主，这一直是我和爱人争议的重要内容。爱人主张后者，认为忠言逆耳利于行，指出缺点不足是为了能及时纠正，否则小树岂不长歪？我主张前者，认为凡事总有值得肯定的一面，即使有缺点不足，也要先肯定孩子好的方面，再指出需要纠正的地方，否则孩子的自信心从何而来？

孔子主张因材施教。从这点看，上述两种观点都对，关键是如何正确实施。从心理学角度讲，我的主张也代表我的需求，因此鼓励性教育适合我。前些天，爱人因要到萧山电大考试，让我帮她预订房间，我第一反应是推掉。根据以往的经验，她会挑剔房间的朝向、气味、价格等因素，很难订到满意的房间，最终做得越多、得到的批评越多。后来，爱人让我预订她选好的酒店和房型，然后便考试去了。按她的要求照办后，本以为可以称心了，不想，爱人还是找到了瑕疵，原来携程网订的价格高于大众点评网了。生活中常因菜买差了、地擦脏了、牙补贵了这类小事被她批评，我索性懒干怠干，钻进书里找清闲去了。说实在的，爱人的优点很多，家里的人事小事都包了，连修修补补的水电活也干了。在她面前，我算是生活白痴。

然而，我更希望听到肯定性语言。哪怕菜做得再不好吃，说说加油鼓劲的话，也比批斗得一无是处好，至少做家务的积极性没受到打击。大人尚且喜欢听好话，何况小孩呢？赞美、赏识对于孩子自信心的建立大有裨益。有个40多岁的单身女士，打电话给心理热线，诉说从小不被父母喜欢，挨批评、受打骂，五六岁就得了社交恐惧症，18岁得了抑躁症，抑郁时想自杀，躁狂时想杀人。毫无疑问，是父母的否定摧毁了她的自信心。

儿子上幼儿园时，曾带他做过一项多元智能皮纹测试。测试结果显示，儿子属于不能打、不能骂的类型。于是，我便坚持鼓励教育，提高他的自信心。心理学家认为：孩子的自信，对自己价值的肯定，从根本上讲是来自父母无条件的爱。然而父母要做到这一点，很难很难。天下没有不好的孩子，只有不会教育孩子的父母。既如此，何不对自己的孩子因材施教呢？

（写于2016年12月21日）

【亲子实务】如何正确惩戒孩子？

惩戒，非惩罚，非体罚。惩罚是一种行为、一种手段；惩戒是带有手段和目的的一种教育方式。惩罚是为了"罚"，比如说体罚，强调"罚"的教育行为本身。惩戒是为了"戒"，通过激发其悔改，从而达到让孩子改正错误的目的。

1. 情绪处理。很多家长在惩戒孩子的时候，没有先处理好自己的情绪，结果演变成情绪发泄。惩戒是以爱为前提的，需要宽容的温情、宽阔的胸襟、善待的耐心。要相互尊重，保护孩子的自尊心，不要贬低、嘲笑孩子，或是令孩子在众人面前难堪。

2. 惩戒原则。事先把合理的惩罚后果告诉孩子，使孩子明白行为和后果的关系，告知他承担后果就是他的责任。看到孩子有不良的行为，必须针对这种行为想出一个适度的处罚结果，然后马上执行。只有在孩子明知故犯、公然向父母挑战时才施行适度体罚，体罚前说清道理和规则，事后要有和解、教导。

3. 惩戒方法。一是剥夺特权。出现不好行为，剥夺孩子喜欢的特别待遇，不要一次剥夺太多、时间过长。二是事不过三。给孩子自我约束的机会，认识到如果有不良行为必须承担后果。三是正向奖励。对于好的表现有所奖励，在给奖品时，不要忘记表扬孩子。

4. 惩戒技巧。少用"不许""不要"。可以想办法让孩子帮你忙；明确表达强烈不同意的立场；明确表明家长的期望；提供两个方案让孩子选择；告诉孩子怎样弥补自己的过失；让孩子体验错误行为的后果。

> **拓展知识　一公尺管教技巧**
>
> 　　林昆辉在著作《家庭心理学：婚姻与家庭》中提到：父母对子女的管教权，只在一公尺范围内有效。如果父母身在一公尺之外，不要叫，不要管！如果非管不可，请走进孩子的一公尺内。然后，在心中复诵指导语"温言软语，半推半就"，伸出左手搭着孩子的肩膀，把脸凑到孩子面前，把嘴凑到孩子耳边，一边温言软语地告诉孩子："走，到书房读书去！洗澡去！睡觉去！……"一边搂着、推着孩子朝目的地移动。

第2节　撒谎的背后

　　每天早餐，我给儿子准备的都是一个馒头、一杯牛奶、一碗蒸鸡蛋，然而他吃馒头总是要用糖或是蜂蜜拌。妻子担心吃糖会变胖、蜂蜜会有雌激素，便不允许他吃。

　　今天早餐时，当我从另外房间回到儿子身边，看到刚刚还是整个的馒头却没了，儿子说吃完了。我开始怀疑，等他离开后我便翻了翻垃圾桶，果然在里面找到了还剩一大半的馒头。我想起了前两天听亲子教育讲座时，提到一个用时间线的方法来测谎。于是，我把儿子叫到身边，先是问了问学校里的一些事情，发现他的眼光是朝左下的，这应该是他的过去时间线。接着，我问早上的馒头你都吃光了？他说是的，然而眼光朝向是右上的，这应该是未来时间线，证明确实说谎了。我便故意说：经过测试，你这句话是说谎。儿子说你怎么知道？我说，这是我前两天刚学的心理学测谎，他对此表现出很感兴趣。我便说只要你告诉我真话，我就告诉你答案。他便在我耳边轻轻地说，今天把吃不完的馒头扔到垃圾桶了，前两天把馒头扔到窗外了。我问是不是怕吃不完被我骂呀？他说是的。我说爸爸也知道你每天吃馒头会吃腻，可是下次不要扔了，这种行为不好，你吃腻了就告诉我不然我都不知道你到底想吃什么。

看来，我对儿子的关心还不够，有的时候还硬逼他吃掉馒头，没有体会到他的感受。其实，孩子说谎可以从家长身上找到原因，这也许是很多家长没有意识到的。孩子是很聪明的，他为了逃避惩罚，会说谎来掩饰自己的过错。而这却也说明家长的惩罚错了，反而使孩子成为一个撒谎的人。多站在孩子的角度去思考，寻找孩子说谎的背后原因，这样的事便不会发生了。

（写于2015年3月22日）

【亲子实务】如何处理孩子说谎的问题？

当孩子担心说真话会受罚或失去父疼母爱时，他的心理防御机制便自动激活。为免遭伤害，他宁愿隐瞒一切，并希望没人发现，这时候就会用说谎来自卫。

1. 犯错没关系。所有的孩子都会犯错，犯了错并不意味着孩子有什么问题，但如果父母的反应过激，就好像孩子不应该犯错误似的，孩子就会过分自责、羞愧，进而讨厌自己。我们应该泰然处之，表现出一种犯错很正常、在所难免的态度。

2. 鼓励说真话。当孩子说谎时，我们的反应不应该表现得歇斯底里，不应该充满说教，而是要切合实际，就事论事。一定不能鼓励他们隐瞒自己的想法，不管这些想法是积极、消极抑或还是矛盾的。我们希望孩子知道没有必要对家长撒谎。

3. 标签贴不得。 家长不要将孩子的说谎行为与品质画等号，不能因为某一次谎言就给孩子定性，不应该称他是个说谎的孩子，贴上"骗子"等标签。这样不但对孩子改掉说谎的毛病没有任何帮助，反而对孩子的说谎行为起到了强化的反作用。

4. 纠正要及时。 重视孩子的第一次说谎，多聆听、多沟通，平日多了解孩子的想法，使其感受到父母对他的关爱。不要求他坦白，不夸大事实，不问我们已知道答案的问题。让孩子获得有价值的教训：父母会理解的，我能告诉家长我闯的祸。

第3节　纸做的红领巾

今早，正准备出门送儿子上学，却见他在摆弄一张 A3 纸大小的红色皱纹纸，很快就折叠成红领巾的样子。我好奇地问：你这是做什么？儿子答道：我在做红领巾呢！我问，有什么用呀？儿子说，昨天红领巾忘记拿回家了，等下进校门要检查的。我禁不住笑了起来，原来他这是要做一条纸红领巾来应付检查呀，于是非常好奇他是怎么想出这个办法来的。

只见他系上这条纸红领巾，再将外套领子稍稍遮挡，不仔细看还真看不出来呢！到了校门口，我给他再整了整红领巾，目送着他走进校园。他走到迎宾队列前，停下来，望向国旗，举起右手，敬了个标准的少先队队礼。然后，儿子戴着红领巾大摇大摆混进校园了。

对于这一事件，我是该将之定性为欺骗而教训一番，还是定性为聪明而得意一番呢？或许，最好的处理方式是不理睬，不用成人的价值观去评判。因为事情一旦被定性,则非好即坏、非黑即白,原本简单的一件事,会被成人演绎成复杂的带上色彩的事件。

正如,当孩子不听父母话时,常被定性为不乖的孩子;当孩子乱扔垃圾时,常被定性为不讲文明的坏孩子;当孩子上课调皮捣蛋时,常被定性为不好好学习的坏学生……这些被打上价值观烙印的言语,往往能够深深地烙在孩子心中,让孩子以为自己就是这样的人,最后可能真的成为这样的人!

故而,当孩子有了某种行为,或者做了某件事情时,家长首先要做的不是急于定性,而是正面引导,静等花开。

(写于 2015 年 12 月 11 日)

【亲子实务】如何呵护孩子的想象力?

如果家长将"纸做的红领巾"定性为欺骗行为,对孩子责骂、训斥,那将是对孩子想象力的严重摧残。事实上,传统的教育模式正在扼杀孩子的想象力和创造力,而父母正亲手将束缚的锁链套在孩子身上。

1. 小心呵护。孩子想象力发展过程中,会有一些特殊表现,很多父母会误以为孩子出了问题。所以,读懂孩子行为背后的想象力发展需求,很有必要。对于孩子以恶作剧、疯子行为表现出来的想象力,我们要做到容忍、呵护和肯定,这是正确和唯一的态度。

2. 积极引导。当孩子把自己的"奇思妙想"告诉我们,千万不要用简单的语言敷衍他,或用否定的语气打断他。对那些稀奇古怪的问题,是否知道答案并不重要,可以和孩子一起探索,或者引导他去寻找答案。用鼓励让孩子对好奇心和"胡思乱想"保持热情。

3. 杜绝灌输。我们总是习惯对孩子直接进行知识的灌输。比如：游览中不停向孩子解释：这是什么、那是什么……其实大可不必，等孩子开口问了，再告诉不迟。日常生活中孩子问"为什么"时，不要直接给答案，试试反问孩子，也许孩子会给出精彩的答案来。

第4节 上学路上的遗忘

周末两大搬家，无从得闲。租住的一清新村离儿子学校很近，走路仅需6分钟，且不用过马路。只是，楼层和以前一样，仍是5楼。于是，大件小样堆满了楼上楼下，犹似蚂蚁搬家。

周一早上七点一刻，正当我穿袜子准备送他上学时，儿子说自己上学去，以后都可以不用接送了。随后，他便开门走了，只留给我一个肩上斜挎着水壶的背影。毕竟不放心，我赶紧穿好外套、拿上电瓶车钥匙下楼，准备跟在后面盯梢。在楼道口碰上四楼的大伯在抽烟，他说：你儿子挺厉害的，自己一个人上学呀？男孩子总要锻炼锻炼的，我一边说，一边未停留脚步。将电瓶车从地下室推出来，至少花去了两分钟，也不知儿子走到哪里了。

从小区到学校有好几条小路，我一边沿着以前走过的小路飞驰而过，一边眼观六路、耳听八方。总算看到他了，我放慢速度，尽量保持一段距离，以防被他发现。他自顾自走着，并没有回头望。拐过一个弯，就要出小区门了，他消失了。我迅速跟上去，一下子拉近了距离。突然，儿子猛地转过身，向我跑来，到了我跟前，却又一愣。我以为他的惊讶是发现了我的跟踪，却不想，他冒出一句话："爸爸，我的书包没拿。"我定眼一看，果然，只有一个孤零零的水壶斜挎在他肩上。

他坐上电瓶车后座。我问道:"如果你没刚好碰到我,准备怎么办呢?""我跑回家去拿呀!""家里没人,你有钥匙吗?""有呀!""你钥匙放在哪呀?""放在我书包里呀!"我哈哈大笑:"可是你书包还在家里呀!"儿子似乎刚刚回过神来。

我想象着他跑到楼下使劲按门铃,在楼下苦苦等待家人回来,或是直接去上学,然后老师要求大家翻开书本时,他或许从同桌处借来一本另外的书装模作样起来……

或许是因搬家而打破了原有习惯,或许只是一次偶然的思绪神游,才有了这一茶余饭后的谈资。当我把这故事告诉妻子时,她说孩子没哭鼻子就好。她不知道的是,那时我并没有一点责怪的神情,我能感受到的是他的紧张,而那紧张也在我们的笑声中消弭。

(写于2016年11月7日)

【亲子实务】如何改掉粗心大意的毛病?

粗心大意是指自己理解和会做的事情,由于不仔细而造成的差错,是许多孩子共有的毛病,令家长和老师头痛。粗心大意和孩子的态度、方法、习惯都有关系。

1. 改正不良习惯。如果孩子经常粗心大意,就有可能形成习惯,这时家长要有意识地培养孩子细心的习惯。平时有意识地对孩子高标准、严要求,作业做完之后督促孩子认真检查,有无错别字、有无看错题。逐渐培养严谨的态度,让孩子改变粗心的毛病。

2. 训练专注力。如训练视觉:观看图形10秒钟然后默画出来;在一大堆数字中找出某个数字并划掉；在许多复杂的线条中找出某个特殊图形；训练听觉：大声朗读一篇短文，然后复述，看能记住多少；给孩子读一段文字，到某个字的时候，要求孩子做出一个指定的动作。

3. 整理错题本。准备一个错题本，把错别字、错题都写在这个本子上，分析写错的原因，将原因标注在旁边。要分门别类整理，当天的错题及时整理，经常温故知新，不定时翻看错题本。通过详细整理"粗心大意的错误"，以后再遇到类似问题，就能少犯错误。

4. 不如烂笔头。平时让孩子多采用记笔记的方法防止丢三落四。比如为了避免作业漏做，让孩子准备专门记录本，老师一布置作业就马上记在本子上，标上序号，回到家每完成一项作业就打上钩。去超市购物也可以一项项列出来需购商品，再去按照单子采购。让孩子养成自己保管物品、当天事当天毕等习惯。

拓展知识　矫正行为方法

如果你想改变一个人的行为，可以采用的方法有：正强化、惩罚、负强化和消退。

1. 正强化，又称"阳性强化"。是指个体做出某种行为或反应，随后或同时得到某种奖励，从而使行为或反应强度、概率或速度增加的过程。可以通过奖励孩子来对孩子的行为正强化。

2. 惩罚。有两种形式，一种是正惩罚，即实施令人厌恶的刺激；一种是负惩罚，即消除强化物。惩罚可能引发逃避、攻击等。

3. 负强化，也称"阴性强化"。就是对于符合组织目标的行为，撤消或减弱原来存在的消极刺激或者条件以使这些行为发生的频率提高。

4. 消退。指由于强化物的停止或非条件刺激的停止而产生。消退的实施需要一段时间。

第5节　想天天看电视

下周就期末考了。这些天来,儿子被迫加班加点复习功课。这个双休日自然不例外,妻子在旁督战,我埋头读书,岳父看电视。

又一份作业完成了,桐停下笔,转头对他妈妈说:"我喜欢老年人的生活!"

妻子莫名其妙地问道:"为什么呀?"

"因为老年生活可以惬意地看电视。"

"看电视是件幸福的事儿吗?"

"那当然。但不管怎样,我现在一定要拼,以后老了才有钱买电视,可以天天看电视了。"

妻子微笑道:"我小时候也和你一样的想法。你不喜欢现在的生活?"

"不喜欢!有写不完的作业。"

儿子的话,勾起了我的回忆。30年前的春节,我和弟弟看电视剧《碧海情天》入了迷,这时,父母却催促我们跟着拜年去。我俩先是当作没听见,后是万分不情愿地被拖离椅子,哭丧着脸离开电视机。那次拜年,再好吃的菜肴、再大的红包,也没让我俩提起兴趣,我们用苦瓜脸无声地抗议。那时候,快乐就是可以惬意地看电视。20年前高考前夕,我沉醉于金庸的武侠书,结果在寝室里被班主任逮着,班主任苦口婆心劝道,等上了大学,有的是时间看这些书。然而,大学4年,虽然有的是时间,我却再也没看过武侠书了。武侠书带来的快乐,早就被取代了。现在的我,早已明白每个年代有不同的生活,有不同的快乐。

我望着儿子,在心里说道,等你长大了,你也会明白的。

有些被剥夺的快乐，要么永久逝去，要么被他物取代。然而，青春就是用来奋斗的。马云曾在演讲中说道：当你不去拼一份奖学金，不去过没试过的生活，整天挂着QQ，刷着微博，逛着淘宝，玩着网游，干着我80岁都能做的事，你要青春干嘛？

（写于2017年6月25日）

【亲子实务】如何面对电视的诱惑？

家长一般都会认为电视是孩子的天敌，诱惑着孩子跑出既定的轨道。心理学研究表明，电视暴力对孩子的行为和道德观念都可能产生消极影响。

1. 减少接触。不鼓励2岁以下的孩子看电视，把电视从孩子的卧室搬出去，控制孩子每天花在电子产品上的总时间不超过2小时，家长要陪同看，对节目内容把关，家长自己不能沉迷于电视。

2. 约法三章。通过和孩子协商，制订一些看电视的规则。例如，周末才可以看，每次最多看一小时，超过时间要减少一次看电视机会，完成学习任务或家务可赢得额外的电视时间。讲明规则，严格执行，帮助孩子形成正确的时间观念和遵守规则意识。

第 12 章　细心耐心

英国教育家赫·斯宾塞说:"细心的父母可以发现孩子的微妙的变化,弄清孩子没有明说的思想感情,这里所需要的技巧是及时抓住孩子隐藏在内心的思想感情的微小、微妙的线索。"家长的责任是做一个细心的观察者,带领孩子尝试不同的可能性,从而发展孩子的优点;家长的责任是做一个耐心的倾听者,了解孩子的内心世界,及时疏导孩子出现的心理问题。

第 1 节　我不要和妹妹结婚

儿子像往常一样要去抱妈妈,妈妈连忙伸手挡住,说:"今后你不能这样扑过来抱我噢!"

"为什么呀?"

"之前不是说要二胎吗?现在二胎在我肚子里发芽啦。"

桐高兴地拍着小手道:"真的呀?就是说爸爸的精子和你的卵子结合了呀?"随后,他又惊讶地盯着妈妈的肚子,问道:"可是,你怎么知道肚子里有小宝宝呢？"

"我用试纸测的。"

"是什么样的东西，让我看看嘛！"

妈妈无奈地拿来测孕纸，告诉他，这是测孕纸，将一头浸在尿液里，几分钟后观察另一头的变化，如果仍旧只有一条红线就说明没有怀孕，如果像这样出现二条红线就表示怀孕了。

"这么高科技的呀，太神奇了！"桐赞叹道。

我正炒着菜，桐跑到我跟前问："爸爸，你想要童年的味道吗？"

"童年味道，怎么说？"

"就是喝人奶呀，到时候妈妈就有，她肚子里有小宝宝了。"

"真的呀？那你要做好哥哥的榜样呀？"

桐重新跑回妈妈身边，拿起笛子，端正姿势，说："我要认真练，当好哥哥榜样！"笛子吹了没几分钟，桐放下笛子，转头对妈妈说："从现在开始，我们要收集几个纸箱子，给小宝宝做摇篮。到时我们的新房子应该能住了吧？那我就睡小房间，大房间让你们和小宝宝睡……"桐的小脑袋瓜里冒出一个又一个的主意，一会儿拿出新房户型图勾画房间的安排，一会儿寻思要给小宝宝取个名字，一会儿计划带上小宝宝去户外露营。那股子兴奋劲无以言表，转眼间又发愁了："要是个妹妹，我都大她10岁呢，我可不要和她结婚。"直到听到我解释说妹妹是不可以和哥哥结婚的，他才转忧为喜。

当桐重新露出天真无邪的笑脸时，整个房间似乎都洋溢着温暖的气息。这个考虑到方方面面、计划长远的儿子，怎么比我这个当爸爸的还周到呢？说实在的，对于年底即将降临的二胎，我有没有准备好呢？我再不能让无知和失控、失手或错手在白纸上染上污点呀！

（写于2016年4月24日）

【亲子实务】如何区别对待大宝、二宝？

我国全面放开二胎政策以来，越来越多的家庭选择再要一个孩子。身为两个宝宝的家长，在育儿生活中，如何做才能不伤害任何一方？

1. 不能比较。当某个孩子的行为令父母感到失望，家长无意间会拿一个孩子和另一个孩子比较，造成大宝、二宝处于竞争状态，埋下冲突的根源，两个孩子甚至在一段时间还会怀恨对方。家长应该接受孩子之间的差异，关注每个孩子身上的长处和优势，并根据孩子的特点进行正确的引导。

2. 不贴标签。当大宝因学习好被父母称作家里的"学霸"时，他就会做出自我印象管理，使自己的行为与所贴的标签内容相一致。这就是心理学上的"标签效应"。标签效应一旦用得不好，会伤害另一个孩子，使其对自己的能力失去信心，认为自己即使努力，也不可能取得如"学霸"一样的成绩。

3. 不要偏袒。对每个孩子都一视同仁，不偏护，公平公正。不是绝对的公平，也不是武断地一刀切。不要经常让大宝让着二宝，否则他会对二宝产生排斥心理，对父母也产生怀疑，二宝也会变得任性、没有担当。要树立大宝的威信，让二宝多征求大宝的意见。当孩子之间出现矛盾时，把问题抛给孩子，让他们自己解决，从中学会忍让和协商。

第 2 节　生二宝不忽视大宝感受

让大宝参与到生二宝中来

昨晚与朋友谈及生二胎的话题。他有两个女儿，大女儿读高一，小女儿读小学一年级。这位爸爸说："怀二胎时根本没在意大女儿的感受，有一次，他在床底找到一个本子，居然是大女儿写的日记，大致意思是'看着妈妈越来越鼓的肚子，等妹妹生下来后我就用双手掐死她'，当时我非常难受，差不多快掉眼泪了。后来我们不停地给她灌输生个妹妹可以陪她玩的观念，等到小女儿出生后她们就感情很好了。"

现实中，很多家庭在生二胎前，既没有征求大宝的意见，也没有顾及大宝的感受，似乎与大宝毫无关系。而实际上，夫妻在要不要生二胎这个问题上还会纠结、焦虑，更何况大宝呢？他只会更焦虑，尤其是那些在不太表达爱的传统家庭中成长的孩子，或者是父母长期不在身边的留守儿童，他们更担心弟弟、妹妹的出生会夺走他的爱，这对身心发育未成熟的孩子来说，无疑是非常大的伤害。因此，在做出家庭重大决定时，千万不能忽视孩子的感受，一定要让孩子参与讨论，既是家庭民主的需要，也能增进孩子的见识。

其实，只要家庭关系是融洽的、亲密的，孩子一般会希望有个兄弟姐妹的。如果反对，那么，可能是家庭关系出了问题，作为父母，应该反省问题出在哪里？

不要让玩笑成为伤害

这位爸爸说,他现在最反感别人在他孩子面前说诸如"你妹妹出生后,妈妈就不喜欢你了""小姑娘这么漂亮,以后做我儿媳妇吧"之类的话语,他说孩子会把这些话当真的,内心会产生恐慌,这是对孩子的一种伤害。这不由得让我想起小时候去亲戚家拜年的事,大人们总是聚在一起聊天,然后总会有人把我们两兄弟评头论足一番,又预言将来谁谁会更有出息,或者说谁谁其实是捡来的,当时在我们心里早就怨恨上了他们。

孩子不是玩偶,再小也是有思想的。正是因为孩子的思想很单纯,还无法辨别话语的真真假假,所以更容易受伤害。也许别人一句玩笑话,就播下了一颗毒种子,如果没有及时引导,或许这颗毒种子就会发芽、生长,伤害自己或他人。

膝下儿女成群才是最大的成功

这位爸爸说,赚再多的钱都比不上膝下儿女成群,假如没有子女,赚再多钱又有什么意义?

很朴实,却也很经典的话。唐代李白就说:会桃李之芳园,序天伦之乐事。自古以来,传统文化认为人生最大的幸福就是享受天伦之乐,和子女一起生活,儿孙绕膝,一家人其乐融融的日子,这也是每个老人的愿望。

对于独生子女来说,小时候太孤独,长大后养老负担太重,碰上个什么事,连个说说话的兄弟姐妹都没有。

对于现代父母来说,追求外在的物质、财富、地位过多,追求内在的平静、充实过少。而夫妻相处、亲子教育都像是修炼，修炼得越好，孩子的性格越完美，幸福指数越高。

（写于 2015 年 11 月 16 日）

【亲子实务】如何关注大宝感受？

大宝有了弟弟或妹妹后，因为没得到父母的充分关注，感觉自己被忽视，会出现破坏性行为，学习成绩可能下降，大宝希望以此来吸引父母更多关注。家长要关注大宝的感受。

1. 有言在先。 在生二胎前征求大宝意见，并要有意识地进行心理引导。在日常生活中可以见缝插针地暗示，如果有了弟弟妹妹，他的生活会有什么变化。让大宝参与到照顾二宝的过程中来，然后表扬大宝，让大宝产生照顾二宝的成就感。

2. 爱不失衡。 大宝认为父母更多陪弟弟或妹妹了就是不爱自己了。这时，父母要让大宝得到明确信息：父母仍然爱着他。尽可能让两个孩子都在父母身边，避免将大宝送到别处。每天有两个孩子单独的亲子时间，减少大宝感觉父母的爱被二宝占有的情况。

3. 读懂情绪。 对大宝出现烦躁、易怒和焦虑的情绪，及时给予关注，读懂情绪背后的深意。对大宝一些叛逆行为，要容忍，不责备，了解大宝行为背后的真正需求，正确引导孩子。

第3节 安全套是什么东西

儿子读幼儿园时,把自动售货机当作好玩的玩具,总会央求我给他一元硬币投进去,然后售货机像会变魔术一样地掉出来一样东西。每次去大关欧尚超市逛时,会经过社区围墙外,而围墙外就挂着一个自动售货机,可这台售货机上标记的是三个大大的字——"安全套"。当儿子央求想玩这台玩具时,我就找各种理由不让他玩。他会问我安全套是什么东西,我只好支支吾吾地说那是大人用的东西。我不能撒谎,因为他终究会知道的,但我又不知道如何回答才好。

很多事情,往往是越不让孩子做他就越想做,越控制就越容易失控,这在心理学上叫作负强化。当我认识到这点时,有一次终于同意他玩这台售货机,当他好奇地拆开安全套时,摸上去油油的、黏糊糊的,发现这玩具不好玩,于是马上扔垃圾桶了。从此,儿子就对这标记为"安全套"的售货机失去了兴趣。

儿子读了小学后,又开始问我安全套到底是什么东西呀?我便告诉他:之前你不是看过宝宝出生的视频吗?爸爸的精子与妈妈的卵子相遇才有了小宝宝。当爸爸妈妈不想生宝宝时,就会用这安全套,阻止精子与卵子相遇。此后,儿子便再也没提这安全套的事了。

昨天是除夕,一家人去市场采购年货。在入口处,我们看到一台售货机,儿子对我说:爸爸,你身份证带了吗?带了,怎么了?儿子指着那售货机说,你们不生二胎就去这机器上刷下身份证,能免费拿安全套的。我一下子被雷倒了。

东方文化向来倡导含蓄,性教育的提法也只是近些年才开始被重视。作为"70后"出生的我,第一次认识安全套已经是大学毕业时,而且是因为要好的兄弟不好意思去药店买，然后我行侠仗义了一把。

每一个父母都不可避免地会被孩子问道：我是从哪里来的？这是个重要的时刻——父母对孩子进行性教育的时机。当你的孩子问安全套是什么东西时，你做好回答的准备了吗？是尴尬、回避还是有艺术地回答？

（写于2016年2月8日）

【亲子实务】如何开展儿童性教育？

家庭是儿童性教育的主要场所。孩子常会问父母：我是从哪儿来的？很多父母羞于回答，或是含糊不清地回答，也有父母担心孩子会早熟，反而严厉斥责孩子。正确对待并引导孩子认识性，有助于孩子的健康成长。

1. 正确引导。孩子出生后，在取名、着装、发型、玩具、生活用品的选择上都不应混淆性别，引导孩子正确的性别观念。还可通过书报、影视、故事等去引导孩子观察动植物的生长和繁殖，使孩子对生殖产生一种自然的认识。

2. 认识身体。选择适当时机，如洗澡、睡前等，很自然地让孩子认识自己的身体，尤其是要让孩子知道生殖器官与人体其他器官一样并不神秘，引导孩子要保持身体清洁，养成良好的卫生习惯。教育不同年龄段孩子掌握相应的性知识，告诉孩子要保护身体的隐私部位。

3. 不惊不乍。当孩子表现出对性的羞涩，或提出有关性方面的疑问时，家长不要大惊小怪，也不要回避，要用孩子能理解和接受的言语和方式平静地解答，满足孩子的好奇心和求知欲。家庭生活中要注意设置隐私空间，上洗手间要关门，换衣服要回避。

第4节　圣诞老人是爸爸吗

昨晚临睡前，儿子突然问我："圣诞老人是爸爸吗？"

我一愣，反问道："是谁说圣诞老人是爸爸的呀？"

"我班里的同学说的。你要说事实，到底是不是？"

"看来你挺相信你同学的话。"

"我半信半疑。"

"好吧，那我告诉你，有几次圣诞老人是我扮的。"

看来，儿子对圣诞老人的存在产生了怀疑，而他的这位女同学则早已明白圣诞老人只存在于童话世界里。

记得2014年11月30日，我在整理抽屉时，发现一双袜子上用棉线拴了一张小纸条，居然是儿子写给圣诞老人的一封信："给我一个显微镜吧，放桌上。下一次我不想得到什么东西，我想见到你。（爱你的桐）"估计他知道显微镜太大个，枕头底下放不下，故而让圣诞老人把它放桌上。后来，我和爱人立即去网上买了显微镜，在圣诞节那天晚上，将它放在了桌上。

当儿子第二天看到显微镜时，高兴地抱着我的腰："圣诞老人真的给我送显微镜了呢！真的耶！可是，他是怎么进到咱家的呢？"爱人有几次和别人聊天时，说漏了嘴，提到买显微镜送他时，他立即纠正道：是圣诞老人送我的。可见，在儿子的心中，真心相信圣诞老人的存在，也相信圣诞老人会驾乘雪橇来到家里，偷偷把礼物放在他准备好的袜子里。

我至今都没有告诉他圣诞老人是假的，不想让这份美好的念想过早失去，待他慢慢长大，自然知道圣诞老人其实是父母。而昨天儿子有此一问，也表明

9岁的他已开始慢慢走出童话世界。

自从有了孩子，我常常是和他共同沉浸在童话中的美好，望着他过节时的兴奋、收礼物时的喜悦，想起自己小时候异常期待过年，然后随着逐渐长大，对那种期待越来越少，我希望儿子的这种期待可以久一点再久一点。

（写于2015年12月13日）

【亲子实务】如何用童话滋养童年？

孩子需要童话。美国心理学家布鲁诺·贝特尔海姆认为：没有经历一个相信魔力的阶段，儿童长大后难以经受成年生活的困难。

1. 藏生日礼物。 在孩子生日的时候，家长可以买一些巧克力、小玩具、书画笔等小物品，分别藏在孩子房间的各个角落：枕头下、被褥里、书柜间、沙发垫下、小书包里……当孩子在房间各个角落里找到这些生日礼物的时候，一定惊喜万分，感到新奇有趣。

2. 扮圣诞老人。 每年圣诞节来临之际，家长要精心策划这场童话剧，要让孩子相信，或许在这个现实王国之外还存在着另外一个世界。圣诞老人的秘密应该由孩子自己去寻找答案，这有利于培养孩子探索世界的好奇心，对孩子的人生影响深远。

第5节　五年级之认识性别差异

儿子读五年级后，我发现班里男女生明显差异化。

一是身体发育的差异化。前两天学校开家长会，班主任说班里好多学生身高都超过她了，而体重最重的有140多斤，最轻的只有50多斤。桐身高1.4米多、体重72斤，从坐第二排就可看出，发育算比较晚的。而女生发育往往较早，之前和桐一起玩的女同学有的身高已远超他了，随之而来的是玩不到一起了。从桐的言行观察，发育比同龄人差不多晚了两年，仅相当于三年级小朋友的水平，由此也就有了第二个差异。

二是主动学习的差异化。三年级时有次班里组织G20宣传活动，同学们嘻嘻哈哈地打闹。唯有一位女生拿着纸笔，在展板前非常认真地记录，一看就知是学霸型，果然到了五年级便成为班里男生的学霸女神。这便是主动学习结成的硕果。桐的班里，多数女生已是"我要学"，而多数男生仍是"要我学"。就拿背课文来说吧，如果老师布置背某篇课文的某几段，桐是绝对不会多背一段的，而女生往往是主动将全文背诵下来；再拿写作文来说吧，一篇200字的作文，桐往往是数着字数写的，一到200字就不再往下写了，而每次被老师表扬的作文往往是女生写的。

三是理解能力的差异化。家长会上，科学老师指出，五年级的科学知识已经向理解、应用转变，如果出现女生成绩突然滑落也属正常，说明该女生之前学习模式主要是靠记忆，这时要引导其向理解的学习模式转变。我们都知道，男生、女生理解能力是有差异的，五年级应该就是个分水岭。桐的数学成绩不成问题，但对于需记忆的文科，则是他的弱项了，原因就是懒、不愿吃苦背书。

四是两性话题的差异化。我对性知识有所了解，是在初中的生物课上，那时候只敢偷偷看老师带来的人体模型。之后，开始注意到男生都喜欢朗诵杜牧的诗句"停车坐爱枫林晚"。前段时间和儿子聊天时，提到某人已结婚时，他顺口便说就是做了啊？我不明白他的意思，便问是啥意思？他说就是性呀。经过深入了解，才知道班里同学经常会有涉及性的玩笑。起先是一个女同学，将作业本上做一做的提法，引到性的方面。然而，他们并非真正懂得性，只是身体发育过程中对性的自然认知。

对于这些差异化，作为家长，更多的是要关注和引导，严在当严处，爱在细微处。

（写于 2017 年 11 月 18 日）

【亲子实务】如何区别对待男孩女孩？

男孩女孩各有特点，存在不少差异。父母应该尊重孩子的性别差异，因材施教。

1. 动静有别。由于激素分泌的不同，男孩天性好动，而女孩喜欢安静。看着男孩一边写作业，一边咬笔头晃动着脚，根本无法安静下来，很多家长忍不住训斥一番，事实上不是他不专心，睾丸激素才是"罪魁祸首"。因此，家长不应该强制改变孩子的喜好。当男孩在球场上奔跑玩闹时，家长不要一味地责备孩子又弄脏了衣服、没按时回家吃饭之类，这些都是天性使然。如果一个男孩子总是呆呆的、不爱动、能一个人安静地待上一整天，这种反常要引起重视。同样的，也不要违反女孩的意愿。

2. 包容理解。很多人认为男孩天生坚强勇敢，对男孩表现出的软弱极为反感，造成错误的教育方式。事实上，男孩也是敏感脆弱的。另外，由于男性的社会角色设定，有的家长要求男孩承担更多责任，这使孩子不敢把软弱表现出来，故作坚强，表现为固执己见，即使错了也不轻易认错。所以，父母要对男孩子的固执多一份包容和理解。受大脑发育速度影响，女孩的语言能力往往更强，男孩的空间思维能力更好，因此多数女孩的语言能力、阅读和写作更优异，男孩的数学成绩更优秀。家长千万不要因为大脑构造的不同而过分着急甚至想要强行改变孩子。

3. 宽松自由。男孩比女孩晚熟，表现在身体的发育及情感上。比如女孩更早察觉到父母关系问题，如果父母离婚，对女孩的影响远大于男孩。女孩懂事更早，心思细腻，能体谅周围的人和事，在学习上主动性强，在环境变化时适应力强。男孩学习不主动和晚熟有关。对于男孩女孩身体和心理的发展不同步，父母不用太焦虑，要尊重性别差异，因材施教，给孩子创造一个宽松自由的成长环境。不过，无论男孩女孩，家长的陪伴越多，孩子的智力水平就会越高，学习成绩就会越好，专注力也会更强。

第 13 章 夫妻恩爱

婚姻需要双方共同建设，如果家庭破裂，对于孩子来说，他们还不具备自我调整的心理能力，受到的伤害比父母更大。最好的家教就是夫妻恩爱：一个爸爸对孩子最好的爱，就是好好疼爱孩子的妈妈；一个妈妈对孩子最好的爱，就是欣赏孩子的爸爸！

第 1 节 夫妻恩爱是家庭的定海神针

五一劳动节，虽然路堵人多，好多朋友还是带着孩子出门旅游了，可谓痛并快乐着。作家毕淑敏说：人生有三件事儿不能俭省，一是学习，二是旅游，三是锻炼身体。这三件事儿，对于孩子的成长也是至关重要的。以往，只要碰上节假日，我也是带着儿子四处奔跑，忠实地贯彻毕淑敏的三件事儿原则。

然而，今年爱人累病了，迫使我将关注度从外转向内，更多地去向内看，更多地去疗愈亲密关系。只要是夫妻，总会因为一些琐事而争吵，我和爱人之间也有过争吵，有时也会当着孩子的面。现在认识到夫妻间的争吵会使孩子的情绪受到强烈的冲击,内心会产生消极情绪,如恐惧、悲伤、无助等。去年年底,有一位五年级女孩出现了逃学行为。我作为义工,在多次家访后发现女孩逃学的原因与家庭不和睦有关,女孩说8岁时,有次父母亲吵架使得警察都上门了。可见,夫妻当着孩子的面吵架对孩子造成的阴影有多大。很多时候,当我们看到孩子出现一些行为问题时,根源大多在家长自己身上,孩子的问题多半是家长的问题。

稳定和谐的夫妻关系,才是家庭里的定海神针。就如这个五一节,我们全家只是在杭州城走走就觉幸福无比。只要一家人待一起,去哪儿并不重要。

中国有句古话,叫作家和万事兴,就是强调家庭和睦对于个人发展、家族兴旺、社会稳定和谐的重要意义。心理学家马斯洛研究认为,当人的生理需求得到满足(也就是吃饱穿暖)之后,心里最大的渴望就是爱与归属感,它们像心灵的食物,若是得不到,会令人感到空虚沮丧。孩子心里最大的渴望就是与爸妈连接的归属感,那是超越了一切事物的渴望。令孩子难以忍受的是父母其中一方否定另一方、排除另一方,父母不和结果必然造成孩子心理上的分裂。

因此,作为家长,我们不但要做好毕淑敏所提的三件事儿,更要用心去经营好夫妻间的亲密关系。

(写于2015年5月1日)

【亲子实务】如何建设幸福婚姻?

幸福的家庭都相似,不幸的家庭各有各的不幸。婚姻需要在一定的规则下共同建设,大概经过7年的调节和相互适应之后,才慢慢走向稳定。完满的婚姻是不存在的,但我们可以改变婚姻中的不完美,去建设一个幸福婚姻。

1. 信任宽容。婚姻不稳定的因素多半是双方的脾气个性、文化程度、社会背景、价值取向等差异过大。双方应相互适应，如在日常开支和积蓄上达成一致，互相适应双方的睡眠规律、食物偏爱、工作方式、卫生习惯等。夫妻双方彼此信任、相互宽容、互留空间。

2. 情感交流。心理研究表明，不幸福的婚姻中，非语言的消极行为、具有敌意的嘲讽、奚落等消极沟通较多，尤其在婚姻的最初几年显得很突出。解决方法是夫妻间加强情感交流，互相鼓励、抚慰、信赖。

3. 重在付出。多数夫妻在第一个孩子出生后会经历一些矛盾和感情危机。此时应调整自己心态，都把重心放在家庭，关注对方的心理、生理需求，忙里偷闲共度二人世界。

拓展知识　婚姻加深幸福感

心理学研究有个观点认为，已婚的人普遍更加幸福。婚姻加深幸福感至少有两个原因：第一，已婚者更可能享受一种持久的、亲密的人际关系，不会感到孤独；第二，婚姻增加了伴侣的角色，人生更丰富，能缓解部分压力。

第2节　家庭永远要摆在第一位

爱人抱怨我照顾家里太少，导致她很累，对我也不再温柔。以往遇到责难时，总是不由自主地打开防御心理，开始争辩，进而迁怒，最后逃避。而现在，我没有一丁点防御，而是尽力体察她的处境和情绪，不表现出负面情绪。

内心越强大的人，越不容易受外界影响。如此说来，我也一直在进步。不但内心强大了,连一些观念也发生了很大变化。反观以往和爱人的争执,焦点总是在家庭和工作孰轻孰重的问题上,而我总是会找到很多理由,比如为了工作、友情等,认为家庭并非永远排在第一位。我相信有很多男士和我一样,有意无意地把某些事情放在家庭之前。人会选择自己在生活中最关注的事,如果选择把事业、赚钱或其他事情放在家庭之前,终究会自食其果。想象十年、二十年以后,我们会不会后悔没有花更多时间陪妻儿。男人必须养家,这是无法推卸的责任,可是如果因事业耗尽所有心力、体力,无法陪伴妻儿,那就本末倒置了。

把家庭摆在第一位的男人,会全力以赴对待婚姻、全心全意陪伴孩子。妻子是上天送给男人的礼物,是一面明镜,帮助男人了解自己,促进男人完善自己。孩子是上天派来见证婚姻的精灵,相爱的婚姻让精灵成长为天使,破碎的婚姻也许就会让精灵变成魔鬼。美国作家史雷顿在《男人一生最重要的工作:成就好爸爸》中说:要让婚姻变得牢固,就要利用每一个机会、每一天来经营婚姻和家庭,有浇灌的草地总是青绿,务必为自己的婚姻和家庭灌溉。

(写于 2015 年 5 月 16 日)

【亲子实务】如何处理夫妻矛盾?

夫妻之间常见的矛盾集中在:对于金钱的意见不一致、工作和家庭难以协调、对配偶不满、养育子女的问题、与朋友和亲戚的关系及与健康有关的事情。

1. 学会独处。夫妻闹矛盾的时候都不是很理智,考虑问题也很冲动,可以先暂时离开对方,独处一会儿,让双方都有一个冷静思考的时间,防止矛盾激化。借独处的时间,化解自己的情绪。

2. 尽早道歉。和对方吵架后，无论刚才多凶，无论对错，也要好好向对方道歉，直到对方原谅为止。双方放下讲道理、要面子的架子，早点和好。

3. 协商处理。冷静下来后和双方开诚布公地谈一谈，消除误会。多做一些自我检讨，想想自己哪方面做得不足，勇于发现、承认错误。和好后深深拥抱下对方，不要积怨。

4. 包容理解。夫妻吵架一般都是一时之气，不可当真，要能屈能伸，尤其是男士，要学会包容和理解，多说："对不起，老婆，是我错了。"

5. 忌提离婚。当对方说狠话气你时，千万不要当真，生气时说出的话是不可信的。认真地听对方把话说完，承认对方指出的问题。无论吵得多么凶，不相互揭老底，千万不能说出"离婚"二字。

第3节　爱人是你的镜子

5月20日，因谐音"我爱你"而成为表达爱的好日子，微信圈里爱情红包满天飞，我也给妻子发了个5.20元的红包，并附言："遇见你是上天对我最好的安排，520，我爱你！"随后收到了妻子13.14元的红包，可把我乐坏了！

回首与妻子相识以来的十多年，也免不了有争执。争执的原因无非是要求我多待在家里，或是多做些家务，说到底还是家务事。然而，霸道的我总是无视妻子的需求，认为大男子主义是正常的，于是不断地伤害着她。如果深入挖掘内心世界，其实会发现这是价值观的投射，比如，爱人指责我舍家庭和朋友聚会时，我会愤怒，而点燃愤怒的导火线不正是因为切中我忽略家庭的真实心理吗？难怪心理学认为，爱人是你的镜子。现在的我，通过时时反省，改变了很多，也开始认同家庭是第一位的理念。

最近看到一篇文章，说一对20多岁的情侣通过化妆提前感受双方老去的样子，彼此提前见证了对方的50岁、70岁、90岁，每一次都让他们感动不已。人生有几个几十年？在这几十年中，只有爱人才是和你度过一生的人。然而，我们往往会被眼前的虚幻景象迷惑。比较是时下许多婚姻不幸福或幻灭的根本原因。你可能对某个可爱的异性怀有遐想，或者是心里有一个完美女人的影像，不论是谁，都要把她忘掉。为什么？因为你看到了妻子最好的一面，也看到了她最差的一面，而其他女人只会把好的一面呈现给你。女人是情绪化的动物，男人要理解她情绪多变的状态，如果男人将女人的情绪多变当作爱情逝去的理由，那便是不成熟。

（写于2015年5月20日）

【亲子实务】如何在婚姻中成长？

婚姻给人带来的改变是多方面的，对人的情感体验、性格完善、价值取向都有积极的意义。

1. 修正性格弱点。两个来自不同原生家庭的人，有着太多的不同之处，结婚后逐渐暴露出来，随着矛盾的冲突，懊悔、不满和失望的情绪接踵而来。婚姻幸福的真谛在于相互理解和包容，夫妻保持各自的独立性，不要期望控制对方。通过爱人这面镜子，发现自己的性格缺点，不断完善自我。

2. 坚持改变自己。夫妻发生矛盾，一方总想改变对方，最终只有失望，慢慢凉透了心。唯有改变自己，不断成长。当你有足够的力量、智慧时，就能影响爱人，只有成长才能给人带来底气。

3. 家庭放第一位。很多家庭在有了孩子后，自然而然把注意力集中到孩子身上，忽视了爱人的需求，久而久之，双方感情容易变得平淡，感情产生裂痕。这时，就需要及时调整角色，将重心重新转移到对方，重新走回共同建设婚姻的道路。

第4节　夫妻争执的应对模式

最近与朋友交流分享了家庭生活中的一些事情，谈到了夫妻争执时各自的应对模式。通过梳理自己与妻子争执时的情绪和态度，我将其分为四个阶段。

第一阶段：对抗。当妻子指责我时，我的第一反应就是和她理论，以证明自己才是正确的，一味坚持自己的价值观，不惜与妻子对抗。于是，情绪绑架了我的理智，内心充满戒心和敌意，争执进一步扩大。当风暴过后，往往发现很多争执本身并无意义可言。我渐渐认识到：当因日常琐事、观念差异引发争执时，冲突的本身并没有绝对的对与错，两个来自不同原生家庭的人，有着太多的差异，这时候，唯有相互理解、包容才能在一个屋檐下生活。于是，我努力减少争执，这便进入了第二阶段。

第二阶段：逃避。为了不让争执演变为战争，每当我们发生争执时，我尽量躲起来。俗话说：惹不起还躲得起。人人都有逃避问题的倾向，然而，逃避其实并没有解决问题，只是将问题不断地往后拖延，到了一定程度，造成的伤害反而更大。在争执中的逃避，换来的是长久的冷战，我逐渐明白：伴侣是一面镜子，正是自己性格上有缺陷和不足，才会投射到伴侣身上，而自我潜意识是不愿承认这点的，只有内心强大才不容易受外界影响。当争执再起时，我马上意识到，要内心强大，这便进入了第三阶段。

第三阶段：超然，即置身事外。当妻子生气时，我仍旧像往常一样的情绪和她说话，态度照旧。对于争执，我没有一丁点防御，而是体察她的处境和情绪，不把负面情绪带给对方。我以为自己找到了解决争执的方法，也以为自己的修为境界有了很大的提高，然而却总觉心累。直到朋友告诉我，这其实是一种不理智的应对方式，并没有真正体察对方的情绪，反而更加会让妻子感到难过、痛苦。朋友的话让我明白，争执还有第四阶段。

第四阶段：共情。共情是人本主义创始人罗杰斯提出的心理学概念，意思是深入对方内心去体验其情感，设身处地理解对方。当妻子生气时，不要试图用自己的价值观去改变她，而只需要陪伴着她，用心去体会她当下的感受，用心倾听，让她的情绪得到宣泄，这对于亲密关系的改善有积极的意义。

也许，随着不断地学习，对于争执我还会有更深的感悟、领悟、顿悟，重要的是要有包容心，海纳百川。真心爱一个人，承认对方是与自己不同的、完全独立的个体，以爱为出发点，才能更好地相处。

（写于2015年7月5日）

【亲子实务】如何处理夫妻间的冷战？

1. 分析原因。冷战的原因，可能是无心之过，比如，心情不好就习惯把自己紧紧封闭起来；可能是出于无奈，比如，丈夫坦白后反而引来妻子的暴怒，于是第二次吸取教训，"打死也不说"；可能是性格内向，遇到问题总是一个人承担；也可能是把沉默作为夫妻争执的武器。

2. 认清弊端。冷战是最差的沟通方式，意味着双方不想解决问题，结果只能是积怨越深。冷战使家庭气氛压抑、冷漠，使不良情绪只增不减，从而引发新的矛盾冲突；冷战背后隐藏着愤怒，一旦爆发杀伤力极大。

3. 不计输赢。有人总觉得首先打破沉默的一方就意味着先输了。婚姻中不要计较输赢，尤其是丈夫不要有大男子主义。先开口是成长的良好开端，是迈出解决问题的第一步，是有建设性意义的行动，应该鼓励和肯定。

4. 寻找方法。想想自己曾经用什么方法来打破沉默、结束冷战？结果怎么样？还可以用什么方法？吸取教训，改变解决问题的方法，不要用逃避来应对。

第5节　关于离婚这件事

婚姻都是在磕磕碰碰、吵吵闹闹中过来的。离婚是大事，关系双方的未来和孩子的成长。

某日和朋友聊起这话题，朋友总结道："离婚必须站在道德的制高点。离婚原则：一是不忠，例如一方发生出轨；二是不义，例如不顾家。除不忠不义外，不可离婚。"

他说，在家庭生活中需要掌握五大理论和方法：

一是船长理论。作为男人，在家庭中如一名船长，只要方向一致正确，哪怕有些曲折，只要修修补补能开，你得想尽办法把船开到彼岸。因此，要以大局为重，特别是孩子。没有不忠不义之事，男人就想弃船而逃，那是男人的不负责任和无能。

二是求同存异。只要不是原则性不可包容的错误，双方分歧哪怕大些，也应当求同存异，提出双方都能接受的解决办法。夫妻牵手是缘分，不管出现什么分歧，应尽可能地包容对方。总之一句话，离婚当谨慎，求同存异，形成合力，维护家庭健康平稳地发展。孩子是双方的情感血脉维系，要以孩子为重。

三是统战理论。从道德、法律等制高点取得双方的家人、朋友的支持。

四是财务相对独立。如果不是 AA 制的家庭，双方最好存点私房钱，这是解决家庭矛盾最好的办法。

五是"斗争"讲技巧。在任何一段婚姻里，两个来自不同家庭、带着各自的价值观结合在一起的夫妻，"斗争"是不可避免的。但如何斗，则需要讲究技巧。要搞清楚"斗争"的界限。界限是什么？界限就像篱笆，创造出两个人相爱的空间。这种界限越明确、越清晰，双方"斗争"再激烈都不去"越界"，就不会破坏婚姻的安全感。

夫妻双方处理分歧要掌握三条原则：一是，双方父母和亲戚不要当面冲突，有意见可以由夫妻吸收转换后，以正能量方式转达对方；二是，不管怎么样不可有过激行为，不能伤害对方；三是，谈不好的事可以冷处理，要给对方台阶，把你的处事原则和底线亮出来，双方从大的原则谈共识，再来谈细节，以孩子为突破口寻找解决问题的办法。

（写于 2015 年 12 月 31 日）

【亲子实务】如何把离婚的事告诉孩子？

婚姻走到尽头时，如何把离婚的事告诉孩子呢？

1. 态度平和。 父母要用坦诚平和的态度，将离婚一事告诉孩子，重要的不是说什么，而是用什么态度在说。有的父母即使离婚，仍然假装生活在一起，向孩子隐瞒，期望孩子成人后再告之。事实上，孩子可能早就从家庭气氛中发现了蛛丝马迹，怀疑之下，孩子渐渐变得沉闷、易怒，甚至出现行为不端。

2. 彼此和睦。离婚的父母不怨恨、冷漠、隔绝，彼此要宽容，在孩子面前要维持亲情的纽带和氛围。让孩子感觉离婚后的父母更开心幸福，自己仍被关心着。离家的一方要保持与孩子的接触，定期相处，承担抚养与教育的责任，不能让孩子有分离的感受。

3. 孩子无错。向孩子解释，离婚不是因为孩子做错了什么，而是爸妈相处得不开心，但会永远地爱着他，这种爱不会因为离婚而结束。千万不要把孩子卷入离婚事件，不把责任归咎于孩子，比如对孩子说离婚是因为他太不听话，或父亲觉得母亲没有教好他。这样的话会给孩子内心留下永久的伤痛，甚至无法再信任亲人。

> **拓展知识　单亲家庭并非就是"问题家庭"**
>
> 　　许多有心理问题的孩子往往来自离异的单亲家庭。然而，无论何种家庭，拙劣的养育方式都会使儿童出现消极后果。因此，给单亲家庭贴上"问题家庭"的标签显然是不准确的。

后序　决定孩子一生的是什么？

试想，如果一个孩子缺少对生命的热爱，没有梦想，不懂得保护自己，无法与别人分享，那么，即使这个孩子门门功课考第一，又能怎么样？

蔡元培先生在《中国人的修养》一书中说道：决定孩子一生的不是学习成绩，而是健全的人格修养！

教育孩子之难，难在父母自身是否有健全的人格。只有父母改变自己、完善自己，我们的孩子才能接受良好的家庭教育，才能终身受益。

孩子的成长是不可逆转的过程，错过了对孩子教育最恰当的时机，父母面对孩子长大后的痛苦，也只能是无奈的叹息。

我们无法为孩子铺垫一生的道路，能够做的是努力给孩子一个快乐而健全的童年。至于孩子将来是否有成就，曾国藩说过这样一句名言："莫问收获，但问耕耘"，就让我们静待花开吧！

参考文献

[1] 津巴多，等．津巴多普通心理学 [M]．王佳艺，译．第 5 版．北京：中国人民大学出版社，2008．

[2] NEWMAN，等．发展心理学 [M]．白学军，等，译．第 8 版．西安：陕西师范大学出版社，2005．

[3] PECK M S．少有人走的路——心智成熟的旅程 [M]．于海生，译．北京：中国商业出版社，2013．

[4] PECK M S．少有人走的路 2——勇敢地面对谎言 [M]．尧俊芳，译．北京：中国商业出版社，2013．

[5] MYERS D G．社会心理学 [M]．侯玉波，乐国安，张智勇，等，译．第 8 版．北京：人民邮电出版社，2006．

[6] BARBARA DE ANGELIS．活在当下 [M]．黎雅丽，译．北京：华文出版社，2010．

[7] 格雷．孩子来自天堂 [M]．张蕙仪，译．北京：中信出版社，2012．

[8] 吉诺特．孩子把你的手给我 [M]．张雪兰，译．北京：京华出版社，2010．

[9] GREGORY W SLAYTON．成就好爸爸——男人一生最重要的工作 [M]．钱

基莲,译:北京:中信出版社,2014.

[10] 林昆辉.家庭心理学——婚姻与家庭 [M].北京:人民军医出版社,2006.

[11] 董会芹.学前儿童问题行为与干预 [M].北京:清华大学出版社,2013.

[12] 李子勋.家庭成就孩子——李子勋的后现代亲子课 [M].北京:中信出版社,2011.

[13] 尹建莉.最美的教育最简单 [M].北京:作家出版社,2014.

[14] 中国就业培训技术指导中心,中国心理卫生协会.心理咨询师(基础知识)[M].北京:民族出版社,2012.

[15] 沙拉.特别狠心特别爱 [M].南宁:接力出版社,2010.

[16] 武志红.感谢自己的不完美 [M].北京:中国华侨出版社,2014.

[17] 张德芬.遇见未知的自己 [M].北京:华夏出版社,2008.

[18] 程文.培养最棒男孩的第 1 本书 [M].北京:九州出版社,2011.

[19] 肖复兴.陪伴儿子的日子 [M].北京:首都师范大学出版社,2014.

[20] 王研.警惕"伙伴危机"逼近孩子 [N].人民日报,2004-12-02 (13).

[21] 雾满拦江.阅读的五个层次——你在哪一层? [J].青年文摘,2016 (13).